古典文獻研究輯刊

三八編

潘美月・杜潔祥 主編

第29冊

《說文解字》今注
（第四冊）

牛 尚 鵬 著

國家圖書館出版品預行編目資料

《說文解字》今注（第四冊）／牛尚鵬 著 -- 初版 -- 新北市：
花木蘭文化事業有限公司，2024〔民 113〕
目 2+192 面；19×26 公分
（古典文獻研究輯刊 三八編；第 29 冊）
ISBN 978-626-344-732-5（精裝）
1.CST：說文解字 2.CST：注釋
011.08 112022600

ISBN-978-626-344-732-5

9 786263 447325

古典文獻研究輯刊
三八編　第二九冊　　　　　　　ISBN：978-626-344-732-5

《說文解字》今注
（第四冊）

作　　者　牛尚鵬
主　　編　潘美月、杜潔祥
總 編 輯　杜潔祥
副總編輯　楊嘉樂
編輯主任　許郁翎
編　　輯　潘玟靜、蔡正宣　美術編輯　陳逸婷
出　　版　花木蘭文化事業有限公司
發 行 人　高小娟
聯絡地址　235 新北市中和區中安街七二號十三樓
　　　　　電話：02-2923-1455／傳真：02-2923-1400
網　　址　http://www.huamulan.tw 信箱 service@huamulans.com
印　　刷　普羅文化出版廣告事業
初　　版　2024 年 3 月
定　　價　三八編 60 冊（精裝）新台幣 156,000 元　　版權所有・請勿翻印

《說文解字》今注
（第四冊）

牛尚鵬　著

目次

卷五下

丹部

丹 ⺼ dān　　巴越之赤石也。象采丹井，一象丹形。凡丹之屬皆从丹。〔都寒切〕ᵇ古文丹。彤亦古文丹。

【注釋】

本義為朱砂。段注：「丹者，石之精，故凡藥物之精者曰丹。」「丹青」原指兩種顏色，代指繪畫，又代指史籍。文天祥《正氣歌》：「時窮節乃見，一一垂丹青。」

騰 騰 wò　　善丹也。从丹，蒦聲。《周書》曰：惟其敷丹騰。讀若雘。〔烏郭切〕

【注釋】

今音 huò，赤石風化後的東西，可為顏料。

彤 彤 tóng　　丹飾也。从丹，从彡，彡，其畫也。〔徒冬切〕

【注釋】

本義是朱紅色。「彤雲」謂紅霞也，也指下雪前厚厚的陰雲，今有「彤雲密布」。語本《詩經》：「上天彤雲，雨雪紛紛。」彤，今本《詩經》作同。同，聚也。

文三　重二

青部

青 𤯉 qīng　　東方色也。木生火，从生、丹。丹青之信，言象然。凡青之屬皆从青。〔倉經切〕𡭫 古文青。

【注釋】

東方甲乙木，顏色對應青。「青簡」謂書籍。見前「碧」字注。

靜 靜 jìng　　審也。从青，爭聲。〔徐鍇曰：丹青，明審也。〕〔疾郢切〕

【注釋】

本義是明白清楚。「安靜」本字當作《立部》之竫，《說文》：「竫，亭安也。」

段注：「亭者民所安定也，故安定曰亭安，其字俗作停，作淳。亭與竫疊韻。凡安靜字宜作竫，靜其假借字也。」

文二　重一

井部

井 井 jǐng　　八家一井 [1]。象構韓形 [2]。●，甕之象也。古者伯益初作井。凡井之屬皆从井。〔子郢切〕

【注釋】

[1] 井之本義是水井。高鴻縉《中國字例》：「井當以水井為本義，《孟子》井田之制，八家為井，為井字借義。」王筠《句讀》：「井田之制，中田有廬，井灶蔥韭皆取焉。」

段注：「《風俗通》曰：古者二十畝為一井，因為市交易，故稱市井。皆謂八家共一井也。《孟子》曰：方里而井，井九百畝，其中為公田。古井田之制，因象井韓而命之也。象構韓形，故謂井也。」

古制八家為井，引申為人口聚居地，故「井里」謂鄉里也；「井曲」謂里巷也；「井屋」謂農舍村落也。今有「背井離鄉」。市場謂之市井者，《白虎通》：「因井為市，故言市井。」今有「市井小民」。「井井」謂整齊貌，今有「井井有條」「秩序井然」。

[2] 段注：「韓，井上木闌也。其形四角或八角，又謂之銀床。」韓，本義是井外面之欄杆。今作韓國字，韓者，韓之草書楷化字形也。韋者，亦韋之草書楷化

字形。

葝 𡩋 yǐng　　深池也。从井，瑩省聲。〔烏迥切〕

【注釋】

段注：「《廣韻》：浤濴，小水也。濴蓋即葝。」

阱 𨺻 jǐng　　陷也。从阜，从井，井亦聲。〔疾正切〕𡩋 阱，或从穴。燕 古文阱，从水。

荆 𠛬 xíng　　罰罪也。从井，从刀。《易》曰：井，法也。井亦聲。〔戶經切〕

【注釋】

此「刑罰」之本字。《說文》：「刑，剄也。」本義是刎頸。見前「刑」字注。

刱 𠜂 chuàng（創）　　造法刱業也。从井，刅聲。讀若創。〔初亮切〕

【注釋】

此「創造」之本字也。《說文》：「創，傷也。」見前「刅」字注。許書有以讀若破假借之例。

文五　重二

皀部

皀 𣎵 bī　　穀之馨香也。象嘉穀在裹中之形，匕所以扱之。或說：皀，一粒也 [1]。凡皀之屬皆从皀。又讀若香 [2]。〔皮及切〕

【注釋】

[1] 今蜀語「豆逼」之本字。

《顏氏家訓》：「在益州，與數人同坐，初晴，見地下小光，問左右是何物，一蜀豎就視云：是豆逼耳。皆不知所謂，取來乃小豆也。蜀土呼豆為逼，時莫之解，吾云：《三蒼》《說文》皆有皀字，訓粒，《通俗文》音方力反。眾皆歡悟。」

[2] 卿、鄉從皀聲，此『讀若香』之證也。

即 𠨐 jí（即）　　即食也。从皀，卪聲。〔徐鍇曰：即，就也。〕〔子力切〕

【注釋】

今隸變作即。甲骨文作𠈃，林義光《文源》：「卪即人也，象人就食之形。」《周易》：「即鹿無虞，惟入於林中。」即，及也，抓住也。

引申靠近義，今有「即位」，謂靠近職位也。引申有當時或當地義，如「即日」謂當日也，「即夜」當夜也。引申有立即、馬上義，今有「立即」，同義連文。又表示假設，《史記》：「蕭相國即死，誰其代之。」今有「即使」，使亦有假設義，同義連文也。

既 𣤥 jì（既）　　小食也。从皀，旡聲。《論語》曰：不使勝食既。〔居未切〕

【注釋】

今隸變作既。甲骨文作𣥐，李孝定《甲骨文字集釋》：「象人食已，顧左右而將去之形。」引申為盡、已也，今有「既然」「既望」。

段注：「許稱蓋古文《論語》也，或云：謂不使肉勝於食，但小小食之。」許慎釋為「小食也」是解釋《論語》「不使勝食既」中既之義，許慎認為既的本義就是這句話中既的意義。

「既」的本義是吃完、吃盡。《尚書》：「犧牲粢盛，既於凶盜。」周秉鈞譯文：「犧牲和粢盛等祭物，也被兇惡盜竊的人吃盡了。」用的正是本義。

官 𠨰 shì　　飯剛柔不調相著。从皀，一聲。讀若適。〔施只切〕

文四

鬯部

鬯 𢍰 chàng　　以秬釀鬱艸，芬芳條暢，以降神也。从凵，凵，器也。中象米，匕所以扱之。《易》曰：不喪匕鬯。凡鬯之屬皆从鬯。〔丑諒切〕

【注釋】

本義是香酒，用黑米和鬱金香混合而釀造。又指鬱金香草，即鬯草也。清代學者

于鬯，號香草，著有《香草校書》。「暢」「鬯」同源詞，「芬芳條暢」釋「鬯」之語源也。條，暢也。「鬯」通「暢」，如「一夕鬯談」「草木鬯茂」。暢，盛也。

鬱 ![字形] yù（郁）　　芳艸也。十葉為貫，百廿貫築以煮之為鬱。从臼、冖、缶、鬯。彡，其飾也。一曰：鬱鬯，百艸之華，遠方鬱人所貢芳艸，合釀之以降神。鬱，今鬱林郡也。〔迂勿切〕

【注釋】

今鬱金香之本字也。《說文》：「鬱，木叢生者。」此「鬱鬱蔥蔥」之本字也。《說文》：「郁，右扶風郁夷也。」此地名也。皆非今鬱金香之本字明矣。鬱金香字古多作鬱，鬱行而鬱廢。今簡化字郁、鬱歸併為一字。

爵 ![字形] jué　　禮器也。象雀之形，中有鬯酒，又持之也，所以飲。器象雀者，取其鳴節節足足也。〔即略切〕 ![字形] 古文爵，象形。

【注釋】

爵者，三足飲酒器也，又泛指飲酒器。爵得名於其形狀似雀。爵引申為爵秩字。

賈誼《論積貯疏》：「失時不雨，民且狼顧，歲惡不入，請賣爵子。」或釋為朝廷賣爵，百姓賣子，不妥。漢代百姓可以有爵位，漢代民間的爵位來路有兩條：一為用錢糧從朝廷買得；二是由朝廷賜予。這種爵位雖屬虛銜，但在鄉里可享有特權，到惡年饑歲，貧窮之家往往請求把爵位轉賣出去，換取衣糧。

段注：「爵、觚、觶、角、散，總名曰爵，其實曰觴。爵引申為爵秩字，假借為雀字。」

鬮 ![字形] jù（秬）　　黑黍也，一稃二米以釀也。从鬯，矩聲。〔其呂切〕 ![字形] 鬮，或从禾。

【注釋】

黑米也。今通行重文秬。

![字形] ![字形] shǐ　　列也。从鬯，吏聲。讀若迅。〔疏吏切〕

【注釋】

列謂酒氣酷烈。

段注：「列當从《玉篇》作烈。烈，火猛也，引申為凡猛之稱。戾謂酒氣酷烈，戾引申為迅疾之義。今俗用駛疾字當作此。」

《倉頡篇》：「駛，急也。」駛的本義是馬跑得快，《說文》無駛字。據段注，駛急義之本字當為戾。

文五　重二

食部

食 shí　　一米也。从皂，亼聲。或說：亼皂也。凡食之屬皆从食。〔乘力切〕

【注釋】

一米者，聚集的米。「一」通「壹」，聚也。據說遇有美食，食指會動，典故有「食指大動」「染指」，語本《左傳》。《射雕英雄傳》洪七公，外號「九指神丐」，因貪美食誤過大事，故斬食指以自警。「食指」又指吃飯的人口，今有「食指眾多」。食作偏旁時簡化作 ，乃草書楷化字形。

饙 fēn（饙）　　滫飯也。从食，弄聲。〔臣鉉等曰：弄音忽，非聲。疑奔字之誤。〕〔府文切〕 饙，或从賁。 饙，或从奔。

【注釋】

今通行重文饙。滫飯者，蒸飯也。蒸飯味香，或謂今「香噴噴」之本字。見前「蕡」字注。

餾 liù　　飯氣蒸也。从食，留聲。〔力救切〕

飪 rèn　　大孰也，从食，壬聲。〔如甚切〕 古文飪。 亦古文飪。

【注釋】

孰，熟之古字。大熟者，煮得爛熟也。稔謂穀熟，飪為食物熟，音近義通，同源詞也。

饔 yōng（饔）　　孰食也。从食，雝聲。〔於容切〕

【注釋】

今作饟,古之俗字也。古者一日二餐,早飯謂之饔,晚飯謂之飧。為節省燃料,早飯新作,晚飯吃剩的,故《說文》釋饔為熟食,釋飧為餔也。《說文》新附飧字作餕,云:「食之餘也。」

今山區仍有每日兩餐,晚飯吃剩飯不另作的習慣,且多為稀飯。晉東南稱之為酸飯,剩飯並不酸,酸即餕之音轉也。參許嘉璐《中國古代衣食住行》。饔又泛指熟食,又指烹飪,古代有饔人之官。

飴 🍥 yí　　米糵煎也。从食,台聲。〔與之切〕 🍥 籀文飴,从異省。

【注釋】

用麥芽製成的糖漿、糖稀,即麥芽糖。非今之砂糖,砂糖來自外國,乃唐宋時之事。今有「甘之若飴」。

段注:「以芽米熬之為飴,今俗用大麥。《釋名》曰:餳,洋也。煮米消爛洋洋然也。飴,小弱於餳,形怡怡也。」

餳 🍥 xíng　　飴和饊者也。从食,易聲。〔徐盈切〕

【注釋】

該字當作餳,簡化作饧,草書楷化字形也。段注改從易為從昜,可從。糖稀謂之飴,加上糯米粉成固體即餳,餳即糖字,異體字也。

段注:「不和饊謂之飴,和饊謂之餳,故成國云:飴弱於餳也。《方言》曰:凡飴謂之餳。」

饊 🍥 sǎn　　熬稻粻𥹃也。从食,散聲。〔穌旱切〕

【注釋】

本義是熬米製的糖塊,即餳。今作為一種食品,即饊子。油炸食品,古時環釧形,今細如麵條,呈柵狀。饊、繖(傘)、散,同源詞也。餦餭謂乾的飴糖。

餅 🍥 bǐng　　麪餈也。从食,并聲。〔必郢切〕

【注釋】

本義是麵餅。麪,即麵之異體,《說文》「麥末也」。今簡化作面。古者面、麵有

別，面者，臉面也。二者不混用，今歸併為一。今之餅多烙成，古之餅多蒸成，武大郎所賣之炊餅即蒸餅，因避宋仁宗趙禎諱而改，殆類今之饅頭也。

粢 𩞁 cí（粢、糍）　　稻餅也。从食，次聲。〔疾資切〕𩜵 粢，或从齊。𥼽 粢，或从米。

【注釋】

今通行重文粢。後作糍，今有「糍粑」。

段注：「謂以稷米蒸孰，餅之如麵餅曰粢，今江蘇之粢飯也。粉稷米而餅之而蒸之則曰餌，《𩰬部》云：餌，粉餅也。今江蘇之米粉餅、米粉團也。」

饘 𩟁 zhān　　糜也。从食，亶聲。周謂之饘，宋謂之𩜀。〔諸延切〕

【注釋】

稠粥謂之饘，稀粥謂之粥。𩰬、饘異體字也。見前「𩰬」字注。

餱 𩞗 hóu（糇）　　乾食也。从食，侯聲。《周書》曰：峙乃餱糧。〔乎溝切〕

【注釋】

異體字作糇，今通行。即乾糧也，炒熟的米、麥等穀物。

段注：「凡乾者曰餱，故許曰乾食。《無羊》：或負其餱。亦必乾者乃可負也。小徐曰：今人謂飯乾為餱。」

䬟 𩜊 fěi　　餱也。从食，非聲。陳、楚之間相謁食麥飯曰䬟。〔非尾切〕

【注釋】

乾糧也。

饎 𩛜 chì　　酒食也。从食，喜聲。《詩》曰：可以饋饎。〔昌志切〕𩜱 饎，或从配。糦 饎，或从米。

【注釋】

本義即酒食，又指動詞烹煮。

段注：「饎本酒食之偁，因之名炊曰饎，因之名黍稷曰饎，引申之義也。《方言》：糦，孰食也，氣孰曰糦。古文饎作糦。」

饌 zhuàn（篹、饌）　　具食也。从食，算聲。〔士戀切〕篹，或从巽。

【注釋】

今簡化作馔，古俗字也。馔的本義是準備食物。今篹、饌分為二字，饌專指飲食，李白詩：「鐘鼓饌玉何足貴。」篹又同「撰」，著述也，清阮元有《經籍籑詁》。

養 yǎng（养）　　供養也 [1]。从食，羊聲。〔余兩切〕古文養 [2]。

【注釋】

[1] 養常用教育義，今有「教養」，同義連文。又指生活資料，今有「給養」。今「養病」者，猶治病也。廚師亦謂之養，乃古之賤役也。《廣雅》：「養，使也。」

[2] 商承祚《說文中之古文考》：「讀作牧，象以手持鞭而牧羊，牧牛則字从牛，羧羊則字从羊也，後以从牛之字為牧，而以羧為養矣。」俞樾：「牧民，牧當作羧，養之古文也。」

牧畜、牧民其理一也，《漢書・刑法志》：「且夫牧民而道之以善者，吏也。」賈誼《過秦論》：「是以牧民之道，務在安之而已。」

飯 fàn　　食也。从食，反聲。〔符萬切〕

【注釋】

段注：「云食也者，謂食之也，此飯之本義也，引申之所食為飯。今人於本義讀上聲，於引申之義讀去聲，古無是分別也。」

飪 niǔ　　雜飯也。从食，丑聲。〔女久切〕

【注釋】

從丑之字多有糅雜、糾雜義，如紐（係也，係即結）、扭（擰在一起）、狃（犬性驕也）等。

飤 sì（飼）　　糧也。从人、食。〔祥吏切〕

【注釋】

後作飼，《說文》無飼。段注謂飤字為淺人所加，宜刪。

餐 𩞋 zàn　　以羹澆飯也。从食，贊聲。〔則榦切〕

【注釋】

本義是以羹澆飯。贊，助也，聲兼義也。「澆餐」比喻濁亂。《楚辭》：「時混混兮澆餐，哀當世兮莫知。」自注：「餐，餐也。混，混濁也。言如澆餐之亂也。」

餉 𩞃 shǎng（晌）　　晝食也。从食，象聲。〔書兩切〕𩜈餉，或从傷省聲。

【注釋】

此晌午之本字也，《說文》無晌字。

段注：「此猶朝曰饔，夕曰飧也。晝食曰餉，俗訛為日西食曰餉。今俗謂日西為晌午，頃刻為半晌，猶餉之遺語也。」

飧 𩟚 sūn（飧）　　餔也。从夕、食。〔思魂切〕

【注釋】

俗作飧。本義是晚飯，又指熟食、飯食。見前「饔」字注。「餐」之俗體作「飡」「湌」，典籍中「飧」與之常相亂，故「飧」也常表飯食義。見「餐」字注。

段注：「《小雅》傳曰：孰食曰饔。《魏風》傳曰：孰食曰飧。然則饔、飧皆謂孰食，分別之則謂朝食、夕食。」

餔 𩜁 bū　　日加申時食也。从食，甫聲。〔博狐切〕𥊔籀文餔，从皿，浦聲。

【注釋】

古人一日二餐，早飯在辰時，大約七點到九點，謂之朝食；晚飯在申時，大約在下午三至五點，謂之餔食。引申之義凡食皆曰餔，又以食食人謂之餔。

餐 𩜹 cān　　吞也。从食，奴聲。〔七安切〕𩜌餐，或从水。

【注釋】

本義是動詞，今有「餐風飲露」「尸位素餐」。

段注：「餐訓吞，引申之為人食之，又引申之為人所食，故曰授餐。」

餰 𩜍 lián　　㱃也。从食，兼聲。讀若風溓溓。一曰：廉潔也。〔力鹽切〕

【注釋】

此「清廉」「廉潔」之本字也。㱃，稍微吃一點。《說文》：「㱃，小食也。」引申出少、小義，引申出廉潔義，「一曰：廉潔也」，蓋淺人所增加。《說文》：「廉，仄也。」本義是廳堂的側邊，非本字明義。

饁 𩞶 yè　　餉田也。从食，盍聲。《詩》曰：饁彼南畝。〔筠輒切〕

【注釋】

給在田間耕作的人送飯。饁田，也叫「饁畝」，送飯到田間也。

饟 𩞨 ràng（餉）　　周人謂餉曰饟。从食，襄聲。〔人漾切〕

【注釋】

今饟、餉為異體字，異體字整理時廢饟字。段注：「《周頌》曰：其饟伊黍。正周人語也。《釋詁》曰：饁、饟，饋也。」

餉 𩜌 xiǎng　　饟也。从食，向聲。〔式亮切〕

【注釋】

饟、餉異體字也。本義是給在田間耕作的人送飯。如「餉田」「餉饁」「餉人」等。今常用義為糧餉、餉贈二義。《爾雅》：「餉，饋也。」

饋 𩞋 kuì　　餉也。从食，貴聲。〔求位切〕

【注釋】

本義是以食物送人。引申有吃飯義，今有「一饋而十起」。引申為贈送。

段注：「饋之言歸也，故饋多假歸為之。《論語》：詠而饋、饋孔子豚、齊人饋女樂。古文皆作饋，魯皆作歸，鄭皆从古文。」

　　《論語》在漢代有三種不同的版本：《魯論語》《齊論語》《古論語》，現在通行本《論語》即為當時的《魯論語》。

　　饗　xiǎng（飨）　　鄉人飲酒也。从食，从鄉，鄉亦聲。〔許兩切〕

【注釋】

　　本義是鄉人相聚宴飲。泛指以酒食款待，今有「以饗讀者」，鴻門宴有「旦日饗士卒」。今簡化字作飨，古之俗字也。

　　甲骨文作 ，饗、卿、鄉同字，象人對食之形，鄉實則為饗之初文也。見後「鄉」字注。引申供奉鬼神謂之饗，鬼神享用了祭品亦謂之饗。「享」亦有此二義，同步引申也。饗又泛指享受，後泛指宴飲。

　　饛　méng　　盛器滿貌。从食，蒙聲。《詩》曰：有饛簋飧。〔莫紅切〕

【注釋】

　　食物盛滿器皿的樣子。

　　飵　zuò　　楚人相謁食麥曰飵。从食，乍聲。〔在各切〕

　　飺　nián　　相謁食麥也。从食，占聲。〔奴兼切〕

　　饂　wèn　　秦人謂相謁而食麥曰饂饐。从食，悉聲。〔烏困切〕

　　饐　èn　　饂饐也。从食，豈聲。〔五困切〕

　　餬　hú（糊）　　寄食也。从食，胡聲。〔戶吳切〕

【注釋】

　　段注：「《左傳》：餬其口於四方。《方言》曰：餬，寄也。寄食曰餬，引申之義。《釋言》曰：餬，饘也。」

　　據段注，餬之本義是粥，寄食乃引申義。今有「養家糊口」。糊、餬異體字也，見「鬻」字注。《說文》分糊、餬為二字二義，「養家糊口」字本字當作餬。

　　飶　bì　　食之香也。从食，必聲。《詩》曰：有飶其香。〔毗必切〕

【注釋】

草香謂之芬，食香謂之馣，音近義通，同源詞也。

馤 _{yù}（饫） 燕食也。从食，芺聲。《詩》曰：飲酒之馤。〔依據切〕

【注釋】

燕食者，安樂地飲食。古代家庭私宴謂之饫，後泛指宴飲。私宴多飽食，故引申出吃飽，「饫聞」謂飽聞，聽得多。

段注：「燕同宴，安也。安食者，無事之食也。無事食則充腹而已，故語曰猒饫。《釋言》曰：饫，私也。私即安食之謂。」今簡化作饫（饫），古之俗字也。

飽 _{bǎo} 猒也。从食，包聲。〔博巧切〕 古文飽，从孚。 亦古文飽，从卯聲。

【注釋】

猒者，飽也。見前「猒」字注。

餇 _{yuān} 猒也。从食，肙聲。〔烏玄切〕

饒 _{ráo} 飽也。从食，堯聲。〔如昭切〕

【注釋】

本義是吃飽，引申為富足、多餘。《小爾雅》：「饒，多也。」今有「饒舌」，謂多舌也。富足則寬，故引申為寬恕，今有「討饒」「求饒」「饒恕」。

段注：「饒者，甚飽之詞也，引以為凡甚之偁。漢謠曰：今年尚可後年饒。謂後年更甚也。近人索饒、討饒之語，皆謂已甚而求已也。」

餘 _{yú}（余） 饒也。从食，余聲。〔以諸切〕

【注釋】

本義是食物多。《說文》：「余，語之舒也。」又作姓氏字，餘、余二字古不相混，姓氏余不可作餘。今簡化字歸併為一。引申出以後、以外義，如「雨餘春草長」，謂雨後也。今有「業餘」。

餲 𩚫 hài　　食臭也。从食，艾聲。《爾雅》曰：餲謂之喙。〔呼艾切〕

【注釋】

食物腐敗發臭。

餞 𩟢 jiàn　　送去也。从食，戔聲。《詩》曰：顯父餞之。〔才線切〕

【注釋】

本義是餞行。今用蜜糖浸漬的果品叫蜜餞。

段注：「送去食也，各本少食字，今依《左傳音義》補。毛傳曰：祖而捨軷，飲酒於其側曰餞。」

餫 𩜰 yùn　　野饋早餫。从食，軍聲。〔王問切〕

館 𩟭 guǎn　　客舍也。从食，官聲。《周禮》：五十里有市，市有館，館有積，以待招聘之客。〔古玩切〕

【注釋】

本義是賓館、館舍。古教學的地方也叫館，如「教館」「蒙館」。

段注：「館，舍也。按館古假觀為之，自唐以前六朝時，凡今道觀皆謂之某館，至唐始定謂之觀。」

據段注，道觀本字當作館。「觀」本義是宮殿前的闕，作道觀是後起義，見「觀」字注。

饕 𩜋 tāo（叨）　　貪也。从食，號聲。〔土刀切〕𠮁 饕，或从口，刀聲。𩚨 籀文饕，从號省。

【注釋】

清李富孫《說文辨字正俗》：「饕、叨本一字，今人分別異用。」二字在貪婪義上通，今有「叨天之功以為己力」。在「叨擾」「絮叨」義上只能寫作叨，不能作饕。「饕餮」一詞只能用饕，不能用叨。

饕餮者，龍生九子之一也，貪食，古代鐘鼎上多刻有其頭部形狀作為裝飾。今貪食者或兇惡者亦謂之饕餮。

餂 𩜾 tiè（饕）　　貪也。从食，殄省聲。《春秋傳》曰：謂之饕餂。〔他結切〕

【注釋】

今作饕字。段注：「今傳作饕。賈、服及杜皆曰：貪財為饕，貪食為餂。」

饖 𩞉 wèi　　飯傷熱也。从食，歲聲。〔於廢切〕

【注釋】

段注：「《爾雅音義》引《倉頡篇》：饖，食臭敗也。」

饐 𩞃 yì　　飯傷濕也。从食，壹聲。〔乙冀切〕

【注釋】

食物經久腐臭謂之饐，死謂之殪，同源詞也。

段注：「《魚部》曰：鮑，饐魚也。是引申之凡淹漬皆曰饐也。《字林》云：饐，飯傷熱濕也。混饐於饖。葛洪云：饐，飯餿臭也。本《論語》孔注，而非許說。」

餲 𩟇 yì / ài　　飯餲也。从食，曷聲。《論語》曰：食饐而餲。〔乙例切〕，又〔烏介切〕

【注釋】

食物經久而變味。

饑 𩞫 jī　　穀不孰為饑。从食，幾聲。〔居衣切〕

【注釋】

古饑、飢有別，今簡化皆作饥。饑者，鬧饑荒，如《禮記》：「齊大饑，黔敖為食於路，以待餓者而食之。」飢是指一般的飢餓，《說文》：「飢，餓也。」古書中飢與饑常不別。

段注：「飢與饑分別，蓋本古訓，諸書通用者多有，轉寫錯亂者亦有之。按《論語》年饑、因之以飢饉，鄭本皆作飢。」

饉 𩞿 jǐn　　蔬不孰為饉。从食，堇聲。〔渠吝切〕

【注釋】

今飢饉連文，指饑荒。段注：「按許書無蔬字，此蔬當是本作疏，疏之言疋也，凡艸菜可食者，皆有根足而生也。」

餩 è 　飢也。从食，㕙聲。讀若楚人言恚人。〔於革切〕

餒 něi（餒）　　飢也 [1]。从食，委聲。一曰：魚敗曰餒 [2]。〔奴罪切〕

【注釋】

[1] 今作餒字，《說文》無餒字。簡化作餒。餒者，餓也，如「凍餒」。今「氣餒」者，言氣不振也，乃餓之引申也。後餒、餒分別異用，餒作喂之異體。
《說文》：「萎，食牛也。」此今餵養之本字也，餒則萎之俗字爾。萎作枯萎字，故古籍常用餒作餵養字，《廣雅》：「餒，食也。」餵字更後起也。

[2] 《爾雅·釋器》：「肉謂之敗，魚謂之餒。」

飢 jī 　餓也。从食，几聲。〔居夷切〕

【注釋】

見上「饑」字注。

餓 è 　飢也。从食，我聲。〔五個切〕

【注釋】

飢餓從輕重程度上有別，飢指肚子缺食物，餓指嚴重的飢餓。《韓非子》：「家有恆產，雖飢不餓。」

餽 guì / kuì（饋）　　吳人謂祭曰餽。从食，从鬼，鬼亦聲。〔俱位切，又音饋〕

【注釋】

段注：「祭鬼者，餽之本義，以餽為饋者，古文假借也。」餽、饋後成為異體字。

餟 zhuì 　祭酹也。从食，叕聲。〔陟衛切〕

【注釋】

用酒灑在地上進行祭祀。段注：「《封禪書》作醱食，《漢・郊祀志》作腏。《方言》：餟，饋也。」又同「啜」。

餲 餲 shuì　　小餟也。从食，兌聲。〔輸芮切〕

餕 餕 lèng　　馬食穀多，气流四下也。从食，夌聲。〔里甑切〕

餗 餗 mò（秣）　　食馬穀也。从食，末聲。〔末撥切〕

【注釋】

後作秣，《說文》無秣。食馬穀者，喂馬以穀也，今有「厲兵秣馬」。引申之牲口的飼料亦謂之秣，今有「糧秣」。段注：「以穀飼馬也。」

文六十二　重十八

餕 餕 jùn　　食之餘也。从食，夋聲。〔子陵切〕

【注釋】

指剩飯。見前「饕」字注。

餻 餻 gāo（糕）　　餌屬。从食，羔聲。〔古牢切〕

【注釋】

餌，餅也。本義是糕餅，今俗字作「糕」。

文二　新附

亼部

亼 亼 jí　　三合也。从入、一，象三合之形。凡亼之屬皆从亼。讀若集。〔秦入切〕〔臣鉉等曰：此疑只象形，非从入、一也。〕

合 合 hé　　合口也。从亼，从口。〔候閤切〕

【注釋】

甲骨文作，象器蓋相合之形。故合的本義是盒，即今盒之初文。古者兩軍交鋒謂之合，雙方兵車的車右迎面對擊一次謂之一合，今之「回合」即源於此。

引申出全、滿義，今有「合家歡樂」。又有應當義，白居易：「詩歌合為事而作，文章合為時而著。」會有合義，也有應當義，如「會當凌絕頂」，同步引申也。

段注改作「亼口也」，云：「各本亼作合，誤，此以其形釋其義也。三口相同是為合，十口相傳是為古，引申為凡會合之偁。」

僉 qiān（金）　皆也。从亼，从吅，从从。《虞書》曰：僉曰伯夷。〔七廉切〕

【注釋】

今簡化作佥，草書楷化字形也。《爾雅》：「僉、咸、胥，皆也。」常用義是全部，引申為眾人，「僉望」謂眾望也，今有「不負僉望」。

侖 lún（仑）　思也。从亼，从冊。〔力屯切〕籀文侖。

【注釋】

段注：「龠下曰：侖，理也。思與理，義同也。思猶䚡也，凡人之思必依其理，倫、論字皆以侖會意。」章太炎《新方言·釋言》：「浙江令人自反省者，曰肚裏侖一侖。」

侖的本義是條理，故從侖之字多有條理義，如輪（有輻曰輪）、論（議也）、倫（輩也，順序）、淪（小波也）等。

今 jīn　是時也。从亼，从㇆。㇆，古文及。〔居音切〕

【注釋】

「今」在假設性句子中有「如果現在」「假如現在」之義，《韓非子·五蠹》：「今有構木鑽燧於夏后氏之世者，必為鯀禹笑矣。」《戰國策》：「今行而無信，則秦未可親也。」

段注：「班固作《古今人表》，漢人不與焉，而謂之古今人者，謂近乎漢者為今人，遠乎漢者為古人也。」

舍 shè　市居曰舍。从亼、屮，象屋也，口象築也。〔始夜切〕

【注釋】

金文作，象房舍之形，本義即房舍。謙稱自己的親屬或年紀小、輩份低的，如「舍弟」「舍親」。

「市居」或作「巿居」，不可從，詳參段注。房舍字借作捨棄字，遂加手作捨專表捨棄義。今簡化漢字又歸併為一。傳統皆認為房舍、捨棄無意義之關聯，然段氏否之，可備一家之說。

段注：「舍可止，引申之為凡止之偁。《釋詁》曰：廢、稅、赦，舍也。凡止於是曰舍，止而不為亦曰舍，其義異而同也。猶置之而不用曰廢，置而用之亦曰廢也。《論語》：不捨晝夜，謂不放過晝夜也。不放過晝夜，即是不停止於某一晝一夜。以今俗音讀之，上去無二理也，古音不分上去，舍、捨二字義相同。」

文六　重一

會部

會 huì（会）　　合也。从스、从曾省。曾，益也。凡會之屬皆从會。〔黃外切〕古文會如此。

【注釋】

今簡化字作会，草書楷化字形。

段注：「凡曰會計者，謂合計之也。增，益也。是則曾者，增之假借字。如曾祖、曾孫之曾即含益義。」從曾之字多重疊、重複義，見「譜」字注。

會之常用義甚多，時機也，今有「機會」，成語有「適逢其會」。副詞有正好、恰好義，《陳涉世家》：「會天大雨，道不通。」在這個意義上，「會」和「適」同義，故常連用，《報任安書》：「適會召問，即以此指推言陵之功。」有應當義，如「會當凌絕頂」「長風破浪會有時」。有理解、領悟義，今有「誤會」，謂理解錯了。

pí　　益也。从會，卑聲。〔符支切〕

【注釋】

今裨益之本字也。從卑之字多有增加義，如裨（接益也）、埤（增也），皆字異而音義同，同源詞也。

段注：「朇、裨古今字。今字作裨益，古字作朇益，裨行而朇廢矣。」

　　　辰 （字形）chén　　　日月合宿為辰。从會，从辰，辰亦聲。〔植鄰切〕

【注釋】

　　古籍常用辰字。即每月初一月亮運行到太陽和地球中間，叫日月和朔，即辰，以此作為一個月之始，即朔日。

　　文三　重一

倉部

　　　倉 （字形）cāng（仓）　　　穀藏也。倉黃取而藏之，故謂之倉。从食省，口象倉形。凡倉之屬皆从倉。〔七岡切〕（字形）奇字倉。

【注釋】

　　今簡化作仓，乃草書楷化字形。

　　段注：「藏當作臧。臧，善也，引申之義，善而存之亦曰臧，臧之之府亦曰臧。俗皆作藏，分平去二音。」

　　　牄 （字形）qiāng　　　鳥獸來食聲也。从倉，爿聲。《虞書》曰：鳥獸牄牄。〔七羊切〕

　　文二　重一

入部

　　　入 （字形）rù　　　內也。象從上俱下也。凡入之屬皆从入。〔人汁切〕

【注釋】

　　收過來、拿過來叫入，今有「收入」。交上去、送出去也叫入，如「入粟於官府」。此二義相反，正反同辭也。

　　　內 （字形）nèi　　　入也。从冂，自外而入也。〔奴對切〕

【注釋】

　　見上「入」字注。內乃納之初文。有交上去和拿過來兩個相反之義。入亦聲，入、內、納皆一語之轉。

段注：「今人謂所入之處為內，乃以其引申之義為本義也。互易之，故分別讀奴荅切，又多假納為之矣。《周禮》注云：職內，主入也。內府，主良貨賄藏在內者。然則職內之內是本義，內府之內是引申之義。」

吞 ㄠ cén　　入山之深也。从山，从入。闕。〔鉏箴切〕

糴 糴 dí（籴）　　市穀也。从入，从䵺。〔徒歷切〕

【注釋】

市穀者，買穀也。今河南方言仍有該詞。今簡化作籴，省去部分構件也。糶者，出穀也。今簡化作粜，同。

全 仝 quán　　完也。从入，从工。〔疾緣切〕全 篆文全，从玉。 㒲 古文全。純玉曰全。

【注釋】

全是篆文，則仝為籀文明矣。許書有以籀文為字頭的體例。全、仝本一字之異體，後分別異用。仝，音 tóng，乃同之異體字。《廣韻》：「仝，同古文。出《道書》。」《水滸傳》有美髯公朱仝。

仌 从 liǎng　　二入也。兩从此。闕。〔良獎切〕

文六　重二

缶部

缶 缶 fǒu　　瓦器，所以盛酒漿，秦人鼓之以節歌。象形。凡缶之屬皆从缶。〔方九切〕

【注釋】

小口大腹有蓋的汲水器，也可盛酒。

段注：「缶有小有大，如汲水之缶，蓋小者也。如五獻之尊，門外缶大於一石之壺，五斗之瓦甒，其大者也。皆可以盛酒漿，俗作甀。」

缶本非樂器，乃秦人之食器，多圓形，罕見方形。春秋時代西秦之禮樂文化遠次於東方，樂器種類更是缺少，唯酒足飯飽之後擊缶而歌耳。

　　彀 䀈 kòu　　　未燒瓦器也。从缶，㱿聲。讀若箭筈。又〔苦候切〕

　　匋 匋 táo　　　瓦器也。从缶，包省聲。古者昆吾作匋。案《史篇》讀與缶同。〔徒刀切〕

【注釋】

　　今陶器之本字也。《說文》：「陶，再成丘也。」本義為兩重的山丘，後為地名專稱，在今山東省定陶縣。因陶丘在定陶，故定陶亦省稱陶。段注：「今字作陶，陶行而匋廢矣。」

　　罌 罌 yīng　　　缶也。从缶，賏聲。〔烏莖切〕

【注釋】

　　小口大肚器也。泛指小口大腹的瓶，常盛水用。或作「甖」「罃」。從賏之字多有小義，賏者，駢貝為飾也，如嬰、櫻、嚶（鳥叫）、癭（頸中小瘤也）、纓（帽帶子）等。

　　罃 罃 chuí　　　小口罌也。从缶，巹聲。〔池偽切〕

【注釋】

　　段注：「小口則貯物必垂下之，故稱。」

　　邵瑛《群經正字》：「今經典作甀。」《廣韻》：「小口甕。」後作「甀」。徐鍇《繫傳》：「按《周禮》注：『罋如罌，大口。』是罃小口也。」段玉裁注：「罃者缾之長頸者，罃不長頸。」

　　䍌 䍌 bù　　　小缶也。从缶，音聲。〔薄候切〕

【注釋】

　　《方言》：「瓵甀，罌也。自關而西，晉之舊都河汾之間，其大者謂之甀，其中者謂之瓵甀。」又作為「瓿」之異體，見「瓿」字注。小土堆謂之部婁、培塿，《左傳》：「培塿無松柏。」謂小土堆上長不出大樹。

　　缾 缾 píng（瓶）　　　罌也。从缶，并聲。〔薄經切〕 瓶 瓶，或从瓦。

【注釋】

今通行重文瓶字。缶之小者也。瓶的本義是從井裏汲水的器皿,非今之瓶。《方言》:「缶,其小者謂之瓶。」缶也是汲水器。

今所見較早的瓶是西安半坡遺址出土的小口尖底陶瓶,腹有兩耳,重心很穩,甚合科學原理。古瓶的形制是為便於汲水形成的,尖底容易入水,入水後可以自動橫躺水面,使水由口灌入,灌滿之後下部變重,瓶在水中就可以自動豎立,長頸防止水外溢。瓶因作汲器,故又常作盛水之器,尖底的瓶不好安放,後來就變為平底。參《古代漢語文化百科詞典》。

罋 罋 wèng(甕、瓮)　　汲缾也。从缶,雝聲。〔烏貢切〕

【注釋】

今俗作甕、瓮。本義也是汲水器皿,小口大腹無蓋,大於缶。與今之大水缸稱甕者非一物也。《莊子・天地》:「抱甕而出灌。」

段注:「缾、甕之本義為汲器,經傳所載不獨汲水者偁缾、甕也。許云汲缾,分別言之。許固謂缾不專用汲矣。罋俗作甕。」

缻 缻 tà　　下平缶也。从缶,乏聲。讀若𤾉。〔土盍切〕

罃 罃 yīng　　備火長頸缾也。从缶,熒省聲。〔烏莖切〕

【注釋】

今同「罋」。

段注:「備火長頸缾者,備火之汲甕,則長其頸以多盛水,且免傾覆也。按近人謂罋、罃一字,依許則劃然二物二字也。罋大罃小,用各不同。《方言》《廣雅》說雖不與許同,而罋、罃亦畫為二。」

缸 缸 gāng　　瓨也。从缶,工聲。〔下江切〕

罭 罭 yù　　瓦器也。从缶,或聲。〔于逼切〕

罐 罐 jiàn　　瓦器也。从缶,薦聲。〔作甸切〕

䍃 yóu（䍃）　　瓦器也。从缶，肉聲。〔臣鉉等曰：當从𦥯省，乃得聲。〕〔以周切〕

【注釋】

隸變作䍃，今搖、遙等從此聲。瓦者，土器已燒之總名。凡是燒製的陶器都謂之瓦，非今之瓦片也。

罏 líng　　瓦器也。从缶，需聲。〔郎丁切〕

【注釋】

後作為「高屋建瓴」字之異體字。段注：「《篇》《韻》皆云：似瓶有耳。」

䤞 diǎn　　缺也。从缶，占聲。〔都念切〕

【注釋】

刀缺謂之刓，瓦器缺謂之䤞，玉石缺謂之玷，黑點謂之點，同源詞也。《說文》無玷字，本字當為刓或䤞。

缺 quē　　器破也。从缶，決省聲。〔傾雪切〕

【注釋】

器缺謂之缺，水缺口謂之決，話別謂之訣，玉缺謂之玦，城缺謂之闕，同源詞也。引申之，衰敗謂之缺，《史記》：「厲、幽之後，王室缺。」引申出廢棄義，《史記》：「禮樂廢，詩書缺。」

段注：「俗誤作缼，又通用闕。」慕容垂，原名慕容缺，後嫌其鄙俗，故改。

罅 xià　　裂也。从缶，虖聲。缶燒善裂也。〔呼迓切〕

【注釋】

裂縫也，今有「罅隙」。善，易於也，今有「女人善變」。

罄 qìng　　器中空也。从缶，殸聲。殸，古文磬字。《詩》云：缾之罄矣。〔苦定切〕

【注釋】

本義是器中空。泛指空，空則盡，今有「告罄」「罄竹難書」。

段注：「引申為凡盡之稱。」

罄 𣪘 qì　　器中盡也。从缶，殸聲。〔苦計切〕

【注釋】

水盡謂之汔，器盡謂之罄，同源詞也。

缿 𦈢 dòu / xiáng　　受錢器也。从缶，后聲。古以瓦，今為竹。〔大口切〕，又〔胡講切〕

【注釋】

即今之儲蓄罐。

段注：「易入難出器也。蘇林曰：缿如瓨，可受投書。師古曰：缿，若今盛錢藏瓶，為小孔，可入而不可出。」

文二十一　重一

罐 𦉢 guàn　　器也。从缶，雚聲。〔古玩切〕

文一　新附

矢部

矢 𠂕 shǐ　　弓弩矢也。从人，象鏑栝羽之形。古者夷牟初作矢。凡矢之屬皆从矢。〔式視切〕

【注釋】

本義是箭。箭杆直，引申為正直、端正義，《廣雅》：「矢，直也。」「矢言」者，正直之言也。引申為發誓義，今有「矢口否認」，《詩經》：「之死矢靡它。」又有陳列，《爾雅》：「矢，陳也。」《詩經》：「矢詩不多，維以遂歌。」

躲 𦓤 shè（射）　　弓弩發於身而中於遠也。从矢，从身。〔食夜切〕𨈼篆文躲。从寸，寸，法度也，亦手也。

【注釋】

今通行重文射字。本義是射箭。常用義猜測，如「射覆」，猜物遊戲，在器具下覆蓋某一對象，讓人猜測裏面是什麼東西。引申為賭博、比賽，《田忌賽馬》：「君第重射，臣能令君勝。」重射者，重重下賭注也。又有追求、攫取也，如「射利之徒」。有厭惡義，周景王有「無射鐘」，即不厭也。十二律有「無射」，義同。

段注：「《詩》《禮記》以射為猒斁之斁。射者小篆，則躲者古文，此亦《丄部》之例也。何不以射入《寸部》而以躲傅見也，為其事重矢也。」

矯 觽 jiǎo　　揉箭箝也。从矢，喬聲。〔居夭切〕

【注釋】

今簡化作矯。喬乃喬之草書楷化字形。矯的本義是糾正箭竿使直的工具，引申為矯正義，今有「矯枉過正」。又有假託義，本不然而云然也，如「矯詔」；又有高義，今有「矯首昂視」；又有強健義，今有「矯健」。

矰 觽 zēng　　隹射矢也。从矢，曾聲。〔作滕切〕

【注釋】

帶絲線的短箭，射出後可以尋回。

矦 㿱 hóu（侯）　　春饗所射侯也。从人。从厂，象張布，矢在其下。天子射熊虎豹，服猛也；諸矦射熊豕虎；大夫射麋，麋，惑也；士射鹿豕，為田除害也。祝曰：毋若不寧侯，不朝於王所，故伉而射汝也。〔乎溝切〕� 古文侯。

【注釋】

矦，隸定字形；侯，隸變字形。侯本義是箭靶，以獸皮或布畫上獸形為之。

徐灝《說文解字注箋》：「侯制以布為之，其中設鵠，以革為之，所射之的也。」《詩·齊風·猗嗟》：「終日射侯，不出正兮。」朱熹注：「侯，張布而射之者也。大射則張皮侯而設鵠，賓射則設布侯而設正。正，設的於侯中以射者也。」朱駿聲《說文通訓定聲》：「正，本訓當為侯中也，象方形，亦矢所指也。」

據上，則鵠、的、正為一物，如今之靶心也。今有「眾矢之的」「有的放矢」。「鵠的」謂靶心也。鵠、正都是鳥名，因其難射中，故取名焉。

侯

《小爾雅》:「射有張布謂之侯，侯中者謂之鵠，鵠中者謂之正，正方二尺。正中者謂之質，質方六寸。」此另一解也。《荀子》:「質的張而弓矢至焉。」「質的」謂靶心也。今謂質、的為一物，謂靶心之靶心也。質、的古同端母入聲，一聲之轉也。

段注:「古者鄉飲、鄉射必聯類而行，卿大夫士之射必先行鄉飲酒之禮，天子諸侯則先大射，後養老。先王將養老，先與群臣行射禮，此諸侯大射而養老之證也。大射張皮侯而棲鵠，其禮大，故得專侯名。」

鍚 𥳑 shāng　　傷也。从矢，易聲。〔式陽切〕

短 𥐨 duǎn　　有所長短，以矢為正。从矢，豆聲。〔都管切〕

【注釋】

本義是長短，引申為淺陋，今有「短淺」「短陋」。引申為陷害、說壞話，《史記》:「上官大夫短屈原於頃襄王。」

弞 𥏬 shěn（矧）　　況也，詞也。从矢，引省聲。从矢，取詞之所之如矢也。〔式忍切〕

【注釋】

俗作矧，引不省。何況也。《禮記》:「笑不至矧。」牙齗之謂也，矧通齗。

知 𥎸 zhī　　詞也。从口，从矢。〔陟離切〕

【注釋】

本義是知道、瞭解，引申為友好義，如「絕賓客之知」。又指知己，如「新知」「舊知」。又有主持、掌管義，如「知政」「知縣」「知府」。

矣 𥎦 yǐ　　語已詞也。从矢，㠯聲。〔于已切〕

【注釋】

矣相當於「了」，表事情已發生，故釋為「語已詞」。

段注：「《論語》或單言矣，或言已矣。如《學而》《子張》篇皆云：可謂好學也已矣。《公冶長》篇：不可得而聞也已矣。已矣乎，吾未見能見其過而內自訟者也。俗本句末刪矣者，非。」語氣詞連用者，全句的語氣一般都落在最後一個語氣詞上。

文十 重二

矮 𡥈 ǎi　　短人也。从矢，委聲。〔烏蟹切〕

文一 新附

高部

高 髙 gāo　　崇也。象臺觀高之形，从冂、口。與倉、舍同意。凡高之屬皆从高。〔古牢切〕

【注釋】

甲骨文作𩫖，象高臺之形。大凡用象形字記錄的詞，多是表示具體事物的名詞，但也有少數象形字例外，它所表示的並非所像的具體實物，而是這種實物所具有的某種性質或狀態，此所謂「關聯象形造字法」。本李運富先生說。

上古人為的建築最高的莫過於臺觀，所以這個字所表示的不是臺觀，而是臺觀所具有的「高」性質或狀態，以便用臺觀之高來泛指一切事物之高。崇有高義，有尊敬、崇尚義，高亦有此二義，同步引申也。

髚 髙 qǐng（廎）　　小堂也。从高省，回聲。〔去穎切〕廎 髙，或从广，頃聲。

【注釋】

今通行重文廎，指小的廳堂。孫詒讓號籀廎，著作有《籀廎述林》。段注：「元次山唐廎，宋人多謂廎即亭字，非也。今按可讀如今之廳。」

亭 亭 tíng　　民所安定也 [1]。亭有樓，从高省，丁聲 [2]。〔特丁切〕

【注釋】

[1] 本義是古代設在路旁的公房，供旅客停宿。秦漢時的地方行政單位亦為亭，主要設置於交通要道處。亭本來是為軍事交通設置的機構，負責交通使者住宿、郵件傳遞等，後來兼具治安行政功能。劉邦為泗水亭亭長，類似現在郵政交通站兼派出所所長。

[2] 亭引申為停止，俗乃製停、渟字。從亭之字多有停止義，又多有高聳義，如古詩有「西北有浮雲，亭亭如車蓋」，今有「婷婷玉立」。「亭午」，亭者，正也，一語之轉也。亭午者，正午也。

亭是秦漢時大於里、小於鄉的基層行政單位。亭與鄉、里不同性質，不同系統。亭的職能有：一，司奸盜，維持治安。二，供來往官吏停留食宿。三，告警。四，郵傳，傳遞官方文書、信件。亭的第二項功能，必然帶來郵傳之任，我國古代的官方旅館與郵驛有著密切的關係。第三項職能主要是邊亭的任務。總之，亭是秦漢時縣以下的基層郵驛站。漢以後，已沒有起驛站作用的亭的建制，但亭常與驛同義連文作驛站之稱。參《古代漢語文化百科詞典》。

秦漢時百戶為里，十里為亭，十亭為鄉。里相當於今之村子。我國解放初六、七十年代，村之上、鄉鎮之下有一級行政單位，謂之「站」，管理大致十來個村子，跟「亭」有點相似，蓋最初也跟交通郵驛有關。吾家鄉之村子位於黃河北岸的渡口，早年即隸屬黃陵鎮的貫臺站。後來站被撤銷，鄉直接轄村。

據《白鹿原》描述，民國時縣下設倉，倉下設保障所，負責稅收、治安諸事務。一個保障所管十個村，保障所的頭目是鄉約（鹿子霖所任），倉的頭目是總鄉約（田福賢所任）。倉相當於今之鄉鎮，保障所相當於上面所說之「站」，與秦漢之「亭」功能大小也多有相類。

段注：「《百官公卿表》曰：縣道大率十里一亭，亭有長；十亭一鄉，鄉有三老、有秩、嗇夫。《後漢志》曰：亭有長以禁盜賊。《風俗通》曰：亭，留也。蓋行旅宿會之所館。《釋名》曰：亭，停也。人所停集。按云「民所安定」者，謂居民於是備盜賊，行旅於是止宿也。亭之引申為亭止，俗乃製停、渟字。依《釋名》則漢時已有停字，而許不收。」

亳 𩫏 bó　　京兆杜陵亭也。从高省，乇聲。〔旁各切〕

【注釋】

古都邑名，商湯的都城。相傳有三處，即「三亳」，北亳、南亳、西亳的總稱。

穀熟為南亳，湯都，在今河南商丘縣東南；蒙為北亳，湯受命為盟主之處；偃師為西亳，傳說湯攻夏時所居，在今河南偃師縣西。

文四　重一

冂部

冂 ｜jiōng（坰）　　邑外謂之郊，郊外謂之野，野外謂之林，林外謂之冂。象遠界也。凡冂之屬皆从冂。〔古熒切〕回古文冂，从口，象國邑。坰回，或从土。

【注釋】

今通行重文坰，指郊外。

市 ｜shì　買賣所之也。市有垣，从冂。从丂，丂，古文及，象物相及也。之省聲。〔時止切〕

【注釋】

本義是買賣交易的場所，即市場。引申之，凡買凡賣皆謂之市。《木蘭詩》：「願為市鞍馬，從此替爺征。」今有「市恩」「市義」者，謂買好也，買義也；今有「轉以市人」，賣也。

尢 ｜yín　　淫淫，行貌。从人出冂。〔余箴切〕

【注釋】

今沈、忱從此聲。淫淫，遲疑躑躅之貌。「尢尢」，走走停停的樣子。「尢疑」「尢豫」，猶豫，遲疑不定貌。

央 ｜yāng　　中央也。从大在冂之內。大，人也。央、旁同意。一曰：久也。〔於良切〕

【注釋】

本義是中，今有「中央」。常用義是盡、完，常「未央」「無央」連用，如「長樂未央」「無央之樂」「夜未央」，西漢有未央宮。又有懇求義，如「央求」。

崔 崔 hú　　高至也。从隹上欲出冂。《易》曰：夫乾崔然。〔胡沃切〕

【注釋】

今鶴、確從此聲。崔本義是鳥往高處飛，又為鶴之俗字。

文五　重二

𩫖部

𩫖 𩫖 guō　　度也，民所度居也 [1]。从回，象城𩫖之重 [2]，兩亭相對也。或但从囗，音韋。凡𩫖之屬皆从𩫖。〔古博切〕

【注釋】

[1] 𩫖乃隸定字形，作偏旁時隸變作享，與亯（享受字）、𦎫（淳字從之）隸變字形同。此城郭之本字也。《說文》：「𨞪（郭），齊之郭氏虛。从邑，𩫖聲。」本義是國名，亡國後叫作郭氏虛，非本字明矣。城𩫖字今作郭，郭行而𩫖廢矣。

[2] 古者外城謂之郭，内城謂之城。《釋名》：「郭，廓也。廓落在城外也。」從郭之字、之音多有包裹義，如果（果肉包著果核）、裹（包、纏）、廓（輪廓）、槨（棺材外面套的大棺）等。

𩫏 𩫏 quē　　缺也，古者城闕其南方，謂之𩫏。从𩫖，缺省。讀若拔物為決引也。〔傾雪切〕

【注釋】

此聲訓也。𩫏即今城闕之本字。

段注：「諸侯之城缺南面，如泮水（諸侯的學校泮宮三面環水，天子的學校辟雍四面環水）之缺北方，不敢同天子也。毛詩城闕當作𩫏，闕其假借字，非象闕之闕也。」見「闕」字注。

文二

京部

京 京 jīng　　人所為絶高丘也。从高省，｜象高形。凡京之屬皆从京。〔舉卿切〕

【注釋】

　　絕者，最也。絕頂者，最高峰也。京的本義是人工築起的高臺。引申有高大義，《爾雅》：「京，大也。」故大都市謂之京。從京之字、之音多大義，如「高山景行」，景行，大道也。鯨魚者，大魚也。

　　先秦京不作首都義，「京華」「京都」連文才指首都。大的糧倉謂之京，方曰京，圓曰囷。數目一千萬謂之京，古有萬、億、兆、京、垓、秭，皆得名於大也。

　　就 𡵂 jiù　　就高也。从京，从尤。尤，異於凡也。〔疾僦切〕𡵂 籒文就。

【注釋】

　　就高者，往高處居也。本義是往高處居，引申為靠近，今有「就職」「就業」等。引申為完成義，今有「功成名就」。又有即使義，《三國志》：「就能破之，尚不可有也。」今有「就是你去也不行」。即、就都有接近義、即使義，同步引申也。

　　段注：「就，此複舉字之未刪者。高也。《廣韻》曰：就，成也，迎也，即也。皆其引申之義也。京者，高也，高則異於凡。」

　　文二　重一

㐭部

　　亯 𠅃 xiǎng / pēng / hēng（享、亨）　　獻也 [1]。从高省，曰象進孰物形。《孝經》曰：祭則鬼亯之。凡亯之屬皆从亯。〔許兩切〕，又〔普庚切〕，又〔許庚切〕[2] 𠅇 篆文亯。

【注釋】

　[1] 重文為小篆，則字頭為籒文明矣。亯為籒文隸定字形，今隸變作享、亨者，乃小篆之變也。

　　　享本義為把祭祀品進獻給鬼神。享有二相反義：一、進獻，特指把祭品進獻給鬼神。二、鬼神享用亦謂之享，引申今享受義，正反同辭也。

　[2] 段注：「享象薦孰，因以為飪物之稱，故又讀普庚切（pēng）。享之義訓薦神，誠意可通於神，故又讀許庚切（hēng）。古音則皆在十部。其形，薦神作亨，亦作享。飪物作亨，亦作烹。《易》之元亨，則皆作亨。皆今字也。」

　　　吳大澂《說文古籒補》：「古亯字象宗廟之形。」宗廟為享獻鬼神之處，故後世亯、饗多混用。古亯字後分化為亨、享、烹三字，古籍多通用。

臺 ^臺chún　　孰也 [1]。从亯，从羊。讀若純 [2]。一曰：鬻也。〔常倫切〕
^羍 篆文臺。

【注釋】

　　[1] 今純熟之本字也，純行而臺廢矣。臺作偏旁隸變為享，與亯之隸變無別。今淳、
　　　　醇、鶉等字從之。見上「亯」字注。

　　[2] 讀若一般為注音術語，在《說文》中，經常用來破假借，下字筲、亯皆是。

筲 ^筲dǔ　　厚也。从亯，竹聲。讀若篤。〔冬毒切〕

【注釋】

　　《說文》：「篤，馬行頓遲。」段注：「古假借篤為竺字，以皆竹聲也。《說文》：
竺，厚也。篤行而竺廢矣。」據段注，篤厚之本字當作竺，或為筲也。

　　又段注：「筲、篤古今字，筲、竺音義皆同，今字篤行而筲、竺廢矣。《公劉》毛
傳曰：篤，厚也。此謂篤即竺、筲字也。」「讀若篤」，破假借也。

亯 ^亯yōng　　用也。从亯，从自，自知臭香所食也。讀若庸。〔余封切〕

【注釋】

　　段注：「此與《用部》庸音義皆同，《玉篇》曰：亯，今作庸。《廣韻》曰：亯
者，庸之古文。」「讀若庸」，破假借也。

　　文四　重二

㫄部

㫄 ^㫄hòu（㫄）　　厚也。从反亯。凡㫄之屬皆从㫄。〔徐鍇說：亯者，
進上也。以進上之具反之於下，則厚也。〕〔胡口切〕

【注釋】

　　段注：「凡經典㫄薄字皆作厚，今厚行而㫄廢矣。」《說文》：「厚，山陵之厚也。
从㫄，从厂。」實乃㫄之分化字。

亶 ^亶tán（覃）　　長味也。从㫄，咸省聲。《詩》曰：實覃實吁。^亶 古

文覃。🔹篆文覃省。〔徒含切〕

【注釋】

今隸變作覃，實源自小篆之變。

本義是味道長，引申之凡長、凡深皆曰覃。「覃及」者，延及也；「覃思」者，深思也。《詩經》「葛之覃兮」，謂蔓延也。從覃之字多有深義，如潭、醰（酒味厚）等，見前「嘾」字注。

厚 🔹 hòu　　山陵之厚也。从𩫏，从厂。〔胡口切〕🔹 古文厚，从后、土。

【注釋】

本義是山陵厚，引申為看重，《離騷》：「伏清白以死直兮，固前聖之所厚。」

文三　重三

富部

富 🔹 fú（畐）　　滿也。从高省，象高厚之形。凡富之屬皆从富。讀若伏。〔芳逼切〕

【注釋】

今逼迫之初文也，事滿則迫矣。《說文》原無逼字，徐鉉新附之，故產生略晚。金文作🔹，象長頸鼓腹圓底器，以鼓腹象徵豐滿多福，後加示作福。

段注：「許書無偪、逼字，大徐附逼於《辵部》，今乃知逼仄、逼迫字當作畐，偪、逼行而畐廢矣，畐、偪正俗字也。《釋言》曰：逼，迫也。本又作偪，二皆畐之俗字。」

良 🔹 liáng　　善也。从富省，亡聲。〔徐鍇曰：良，甚也，故从富。〕〔呂張切〕🔹 古文良。🔹 亦古文良。🔹 亦古文良。

【注釋】

本義是善，今有「善良」。引申為和悅義，今有「溫良恭儉讓」。《爾雅》：「元、良，首也。」「良人」者，婦稱丈夫也。良者，首也，謂在我頭頂上面之人。猶古女子稱自己丈夫為天，天者，亦首也。女子改嫁為「二天」。良加阝則為郎，故女子稱

夫亦曰郎。

虛詞常用義有二：一、很也，今有「用心良苦」「良久」「感慨良多」。二、確實也，信也，通「諒」。「良有以也」謂確實有原因啊。「良然」謂果然，確實如此。

文二　重三

亩部

亩⟨圖⟩lǐn（稟、廩）　　穀所振入，宗廟粢盛，倉黃亩而取之，故謂之亩。从入，回象屋形，中有戶牖。凡亩之屬皆从亩。〔力甚切〕⟨圖⟩廩亩，或从广，从禾。

【注釋】

振者，收也。今通行重文廩，簡化作廪。本義是糧倉，引申為積聚義，《素問》：「廩於腸胃。」

官方供給的糧食亦謂之廩，明清秀才有「廩生」者，即「廩膳生員」也，類今之公費生。見下「稟」字注。「秩」有官吏的俸祿義，亦有積聚義，同步引申也。

稟⟨圖⟩bǐng（禀）　　賜穀也。从亩，从禾。〔筆錦切〕

【注釋】

今簡化作禀。段注：「凡賜穀曰稟，受賜亦曰稟，引申之凡上所賦，下所受皆曰稟。」稟有賜予義，又有承受義，正反同辭也。今有「稟賦」，謂上天賜予之性情也。「稟命」者，奉命也。「稟告」者，下對上之言語也。

亶⟨圖⟩dǎn　　多穀也。从亩，旦聲。〔多旱切〕

【注釋】

常用義是確實，如「亶其然乎」。《爾雅》：「亶，信也。」又通「但」，只，僅僅也，賈誼《治安策》：「非亶倒懸而已。」又徒勞也，揚雄《解難》：「亶費精神而已。」

啚⟨圖⟩bǐ　　嗇也。从口、亩。亩，受也。〔方美切〕⟨圖⟩古文啚如此。

【注釋】

今「卑鄙」「鄙陋」之本字也。《說文》：「鄙，五酇為鄙。」本義是古代的行政單

位，非本字明矣。

　　段注：「嗇，愛濇也。濇，不滑也。凡鄙吝字當作此，鄙行而嗇廢矣。」

　　文四　重二

嗇部

　　嗇 $\mathbf{嗇}$ sè　　愛濇也。从來，从靣。來者靣而藏之，故田夫謂之嗇夫。凡嗇
之屬皆从嗇。〔所力切〕$\mathbf{嗇}$ 古文嗇，从田。

【注釋】

　　愛濇者，吝嗇也。本義是吝嗇，引申為節省、節儉義。今有「纖嗇」謂節省也。
朱駿聲《說文通訓定聲》：「本義當為收穀，穡之古文也。」甲骨文作 $\mathbf{嗇}$，象禾穗露積
在野之形，為穡之古文也。

　　段注：「漢制十亭一鄉，鄉有三老、有秩、嗇夫、游徼，皆少吏之屬。」

　　牆 $\mathbf{牆}$ qiáng（墙）　　垣蔽也。从嗇，爿聲。〔才良切〕$\mathbf{牆}$ 籀文，从二禾。
$\mathbf{牆}$ 籀文，亦从二來。

【注釋】

　　今簡化字作墙，俗字也。垣者，牆也。段注：「按凡爿聲，二徐多臆改為牀省
聲。此爿聲，小徐云：亦當言牀省。」

　　爿，劈開的成片的木柴，音 qiáng。後才讀為 pán，量詞，指商店、田地、工廠
等，如「一爿商店」「一爿水田」。

　　文二　重三

來部

　　來 $\mathbf{來}$ lái（来）　　周所受瑞麥來麰。一來二縫，象芒朿之形。天所來也，
故為形來之來。《詩》曰：詒我來麰。凡來之屬皆从來。〔洛哀切〕

【注釋】

　　今簡化作来，古之草書楷化俗字。來的本義是小麥。甲骨文作 $\mathbf{來}$，羅振玉《增
訂殷虛書契考釋》：「諸來字皆象形，其穗或垂或否，麥之莖強，與禾不同，假為往

來字。」徐灝《說文解字注箋》:「古來麥字只作來,假借為往來字,別作麳、秾。」

段注:「自天而降之麥,謂之來麰,亦單謂之來,因而凡物之至者皆謂之來,許意如是。猶之相背韋之為皮韋、朋鳥之為朋攩、烏西之為東西之西、子月之為人偁、烏之為烏呼之烏。皆引申之義行而本義廢矣。如許說,是至周初始有來字。」

麳 𣏃 sì(俟)　　《詩》曰:不麳不來。从來,矣聲。〔床史切〕𣏃 麳,或从彳。

【注釋】

今通行重文俟,等待也。經典常作為竢之異體,《說文》:「竢,待也。」經傳多假俟為之,俟行而竢廢矣。

文二 重一

麥部

麥 𡴀 mài(麦)　　芒穀,秋種厚薶,故謂之麥。麥,金也,金王而生,火王而死。从來,有穗者。从夂。凡麥之屬皆从麥。〔臣鉉等曰:夂,足也。周受瑞麥來麰,如行來,故从夂。〕〔莫獲切〕

【注釋】

今簡化字作麦,草書楷化字形。甲骨文作𡴀,李孝定《甲骨文字集釋》:「來、麥當是一字,夂本象倒止形,於此但象麥根。以來假為行來字,更製繁體之麥以為來麰本字。」

朱駿聲《說文通訓定聲》:「往來之來正字是麥,菽麥之麥正字是來。」正如「酢」和「醋」用顛倒了一樣。這種看法也有道理。

麰 𣓠 móu　　來麰,麥也。从麥,牟聲。〔莫浮切〕𡴀 麰,或从艸。

【注釋】

來為小麥,後作麳,麰為大麥。見「來」字注。

麧 𣓠 hé　　堅麥也。从麥,气聲。〔乎沒切〕

【注釋】

麥麩裏的粗屑，多用以指粗食。從气（乞）之字多有堅大義，如屹、吃（言蹇難也）、赿（直行也）、仡（勇壯也）、虤（虎行貌）、䶂（齧也）等。

麵 䬠 suǒ 　　小麥屑之核。从麥，貨聲。〔穌果切〕

【注釋】

從貨之字多有瑣碎、小義，見前「瑣」字注。小麥的粗屑，又指麵不精。段注：「今所謂粗面也。」

麳 䴴 cuó 　　礱麥也。从麥，差聲。一曰：搗也。〔昨何切〕

【注釋】

礱後作磨，《說文》無磨。磨麥謂之䴴，磨玉石謂之磋，同源詞也。

麩 䴬 fū 　　小麥屑皮也。从麥，夫聲。〔甫無切〕 䴱 麩，或从甫。

【注釋】

即麥皮也。從夫之字、之音多有表層義，如膚、浮、孚（卵孚也，孵之本字）等。段注：「麩之言膚也，屑小麥則其皮可飼畜，大麥之皮不可食用，故無名。」

麵 䴵 miàn（麵、面） 　　麥末也。从麥，丏聲。〔彌箭切〕

【注釋】

今作麵，《說文》無麵字。古面、麵不可混用，面，臉面也。後歸併為一。

麷 䴶 zhí 　　麥核屑也，十斤為三斗。从麥，啻聲。〔直隻切〕

【注釋】

啻作偏旁時隸變為商，如適、摘、滴等皆從之。

指磨碎後未篩分為面與麩的麥屑，農人於缺糧時常食此物，河南農村謂之「一風吹」者即是。

麷 䴷 fēng 　　煮麥也。从麥，豐聲。讀若馮。〔敷戎切〕

【注釋】

炒熟的麥子。

段注：「程氏瑤田曰：『熬、煮蓋通偁。熬，乾煎也。』然則煮麥非麥粥也。今人通呼乾煎為炒。《說文》：炒，熬也。」

麩 麮 qù　　麥甘鬻也。从麥，去聲。〔丘據切〕

【注釋】

大麥粥。

段注：「以麥為粥，其味甜也。其法當用大麥為之，或去皮，或粉之，皆可為粥，其性清虛，於夏日宜。大麥甘，故今煎飴饖亦用大麥。」

鏊 鏊 kū　　餅籟也。从麥，㱿聲。讀若庫。〔空谷切〕

麧 麧 huá　　餅籟也。从麥，穴聲。〔戶八切〕

麧 麧 cái　　餅籟也。从麥，才聲。〔昨哉切〕

文十三　重二

夂部

夂 夂 suī　　行遲曳夂夂。象人兩脛有所躧也。凡夂之屬皆从夂。〔楚危切〕

【注釋】

夂夂，後作綏綏，遲緩貌。夂乃《詩經》「南山崔崔，雄狐綏綏」「有狐綏綏，在彼淇梁」之本字也。

夋 夋 qūn　　行夋夋也。一曰：倨也。从夂，允聲。〔七倫切〕

【注釋】

夋夋者，舒遲貌。今駿、逡、俊等字從此聲。《說文》：「逡，退也。」夋實逡之初文也。

夏 夏 fù（复）　　行故道也。从夂，富省聲。〔房六切〕

【注釋】

隸變作复字。《彳部》又有復，復行而复廢矣，《彳部》之復乃後增也。見前「復」字注。

夌 夌 líng　　越也[1]。从夂，从屵。屵，高也。一曰：夌徲也[2]。〔力膺切〕

【注釋】

[1] 今「會當凌絕頂」之初文也。陵的本義是大土山，凌的本義是冰，皆非本字明矣。段注：「凡夌越字當作此。今字或作淩，或作凌，而夌廢矣，今字概作陵矣。」

[2] 段注：「《彳部》曰：徲，久也。凡言陵遲、陵夷當作夌徲。今字陵遲、陵夷行而夌徲廢矣。《匡謬正俗》釋『陵遲』曰：『陵為陵阜之陵，而遲者，遲遲微細削小之義。古遲、夷通用，或言陵夷，其義一也。言陵阜漸平，喻王道弛替耳。』」

今刑罰「陵遲」實乃陵遲本義之引申。陵遲者，山陵之斜坡緩而下也，以喻衰落，今語有「王道陵遲」。刑罰陵遲者，乃千刀萬剮之刑，得名於緩緩死也。

致 致 zhì　　送詣也。从夂，从至。〔陟利切〕

【注釋】

致、至語法意義有別，至者，表主動，到也；致者，表被動，使到，今有「致富」，謂使富到也。《孟子》：「莫之為而為者，天也；莫之致而至者，命也。」

常用義極也、盡也，今有「極致」；有情趣義，今有「情致」「興致」；有精密、細密義，今有「精致」。

憂 憂 yōu（忧）　　和之行也。从夂，惪聲。《詩》曰：布政憂憂。〔於求切〕

【注釋】

今簡化作忧。

段注：「《商頌》毛傳曰：優優，和也。《廣雅·釋訓》：憂憂，行也。行之狀多，而憂憂為和之行，憂今字作優，以憂為惡愁字。」《說文》：「惡，愁也。」此乃憂愁之本字也。段注：「自假憂代惡，則不得不假優代憂，而《商頌》乃作布政優優。優者，饒也。」

據段注，惡乃憂愁之本字，後用憂代替了惡，則憂之本義「和之行」就用優（优）字表示，後又造了專門表示「和之行」之優。

夔 愛 ài（愛、爱）　　行貌。从夊，惡聲。〔烏代切〕

【注釋】

今隸變作愛，簡化作爱，古楷書草化俗字也。《說文》：「惡，惠也。」段注：「此仁愛之本字也，許君惠惡字用此，夔為行兒，乃自夔行而惡廢。」

常用義是愛護、憐憫，《左傳》：「愛其二毛。」謂同情老年人。憐亦有此二義，同步引申也。愛又有吝嗇義，今有「愛嗇」。

戻 戻 pú　　行戻戻也。从夊，闕。讀若僕。〔皮卜切〕

【注釋】

今「風塵僕僕」之本字也。僕僕，疲憊貌。《說文》：「仆，頓也。」「僕，給事者也。」均非本字明矣。

讀若僕，破假借也。見上「臺」字注。段注：「讀若僕，則知戻戻即今俗語僕僕道途之謂。趙注《孟子》曰：僕僕，煩猥兒。」

贛 輱 kǎn　　絲也，舞也。樂有章，从章，从夅，从夊。《詩》曰：贛贛舞我。〔苦感切〕

【注釋】

邊歌邊舞。今《詩·小雅·伐木》作「坎坎鼓我，蹲蹲舞我」，許書引誤。據此，贛乃「坎坎擊鼓」之本字。《說文》：「坎，陷也。」本義是坑，非本字明義。贛從贛省聲。

夒 夆 wǎn　　罌蓋也。象皮包覆罌，下有兩臂，而夊在下。讀若范。〔亡范切〕

【注釋】

囟門也，頭頂的前部中央。又同「鍐」，馬頭上的裝飾物，多作獸面形，如「金鍐鏤鍚」。

夏 xià　中國之人也。从夂，从頁，从臼。臼，兩手。夂，兩足也。〔胡雅切〕 古文夏。

【注釋】

本義是古代居住於中原地區人民的自稱，以區別四夷，也稱華夏、諸夏。

段注：「以別於北方狄、東北貉、南方蠻閩、西方羌、西南焦僥、東方夷也。」華夏部落即炎黃部落，源自西北，朱駿聲《說文通訓定聲》：「就全地言之，中國在西北一小隅，故陳公子少西字夏，鄭公孫夏字西。」

引申義為大，《詩經》：「夏屋渠渠。」夏屋者，大屋也，後加广作廈，今簡化作厦。國名取夏、商者，皆取其大義，猶言今之大中華。

孔子的學生卜商，字子夏，名字相關，皆為大義也。據傳子夏出生時，其父看到東方有顆明亮的商星，商星出現代表太陽即將升起，兒子將來一定會光宗耀祖，故給兒子取名商。季節名夏，亦得名於大，朱駿聲《說文通訓定聲》：「此字本誼訓大也，萬物寬假之時也。」夏季百草叢生，萬物大長，故稱。

畟 cè　治稼畟畟進也。从田、人，从夂。《詩》曰：畟畟良耜。〔初力切〕

【注釋】

今稷、謖字從此聲。畟畟，農具刺土前進貌。

夒 zōng　斂足也。鵲鵙醜，其飛也夒。从夂，兇聲。〔子紅切〕

【注釋】

醜者，類也。夒，今《爾雅》作揔。

夒 náo（猱）　貪獸也。一曰：母猴，似人。从頁，巳、止、夂，其手足。〔臣鉉等曰：巳、止，皆象形也。〕〔奴刀切〕

【注釋】

今作猱。《說文》無猱。或作馬猴、沐猴，今有「沐猴而冠」，皆一語之轉也。或釋沐猴得名於猴子如人洗臉般會以手掌沐面，則拘泥於字形矣。

段注：「單呼猴，累呼母猴，其實一也。母猴與沐猴、獼猴，一語之轉，母非父母字。」

夔 𦏶 kuí　　神魖也。如龍，一足，从夂，象有角、手、人面之形。〔渠追切〕

【注釋】

夔即山魖，人面猴身，能言。又為人名，相傳為堯、舜時樂官，宋有詞人姜夔，精通音律，故名夔也。常用義為恐懼貌，如「夔夔」，謂敬謹恐懼的樣子。「夔立」謂肅立。

文十五　重一

夎 𦏵 cuò　　拜失容也。从夂，坐聲。〔則臥切〕

文一　新附

舛部

舛 𣎵 chuǎn（踳）　　對臥也。从夂牛相背。凡舛之屬皆从舛。〔昌兗切〕𨂡 楊雄說：舛，从足、春。

【注釋】

本義是相對而臥。引申有違背、錯亂義，如「命途多舛，時運不濟」，今有「舛錯」「舛謬」等。

舞 𣌭 wǔ　　樂也。用足相背，从舛，無聲。〔文撫切〕𦐀 古文舞，从羽、亡。

【注釋】

甲骨文作 𣴎，李孝定《甲骨文字集釋》：「象人執物而舞之形，篆增舛，象二足。」舞訓樂者，舞是樂的一種形式。舞者，樂之容。歌者，樂之聲也。古代樂包

括舞蹈,「六藝」中之「樂」即含舞蹈的成分。

　　轚 𦥑 xiá　　　車軸耑鍵也。兩穿相背,從舛。萬省聲。萬,古文偰字。
〔胡戛切〕

【注釋】

　　轄之本字也,今通行轄字。轄之本義為插在車軸外端,防止車輪掉下來的短木銷子,引申出管轄義。

　　文三 重二

舜部

　　舜 𦳝 shùn（舜）　　　艸也。楚謂之萵,秦謂之蔓。蔓地連華,象形。從舛,舛亦聲。凡舜之屬皆從舜。〔舒閏切〕今隸變作舜。𡵆 古文舜。

【注釋】

　　舜,隸定字形;舜,隸變字形。舜的本義是一種蔓草,殆今牽牛花之類。《詩·鄭風·有女同車》:「有女同車,顏如舜華。」此舜字假借為「蕣」,木槿也,朝華暮落者。後以「顏如舜華」喻女子容貌美麗。

　　段注:「有虞氏以為謚者。堯,高也。舜,大也。舜者,俊之同音假借字。《山海經》作帝俊。」

　　舜乃謚號,名重華,因其眼睛重瞳仁如花也。堯亦謚號,名放勳。放,大也,放勳者,大功也。今成語「堯天舜日」,喻太平盛世。

　　韹 𦳠 huáng（葟）　　　華榮也。從舜,生聲。讀若皇。《爾雅》曰:韹,華也。〔戶光切〕葟 或從艸、皇。

【注釋】

　　今通行重文葟,本義是花開茂盛的樣子。此《小雅·皇皇者華》「皇皇者華,于彼原隰」之後起本字。讀若皇,破假借也。見前「臺」字注。

　　文二 重二

韋部

韋 韋 wéi（韦）　　相背也。从舛，口聲。獸皮之韋，可以束，枉戾相韋背，故藉以為皮韋。凡韋之屬皆从韋。〔宇非切〕韋 古文韋。

【注釋】

今簡化字作韦，草書楷化字形。此違背字之初文也，後借為熟牛皮字，遂加辵作違。常用義是熟牛皮，今有「韋編三絕」。古人性急則佩韋以自緩，因牛皮柔軟，如戰國西門豹是也。性緩則佩弦以自警，朱自清字佩弦。

甲骨文作韋、韋，商承祚《說文中之古文考》：「甲文象兩人相背行，又像兩足有睽隔，乃違之本字，後借為皮韋字，而出違代韋，本義廢矣。」韋、衛、圍實本一字，四止環繞城邑之「衛」即韋之繁體。口象城邑，守城者環繞之即為衛，攻城者環繞之即為圍，省左右或省上下之止作韋，以表相隔相背之義則為違。

段注：「今字違行而韋之本義廢矣。此與西、朋、來、子、烏五字下文法略同，皆言假借之怡也，假借專行而本義廢矣。」

韠 韠 bì　　韍也，所以蔽前。以韋，下廣二尺，上廣一尺，其頸五寸。一命縕韠，再命赤韠。从韋，畢聲。〔卑吉切〕

【注釋】

蔽膝，古代一種遮蔽在身前的服飾，狀如舌。

段注：「古者佃漁而食之，衣其皮，先知蔽前，後知蔽後，後王易之以布帛，而獨存其蔽前者，不忘本也。韠之言蔽也，韍之言亦蔽也。」

韎 韎 mèi　　茅蒐染韋也，一入曰韎。从韋，末聲。〔莫佩切〕

【注釋】

「韎韐」常連用，謂染成赤黃色的皮子，用作蔽膝護膝。「韎」後又作為襪之異體字，如「登殿不著韎」。

韢 韢 xì　　囊紐也。从韋，惠聲。一曰：盛虜頭囊也。〔徐鍇曰：謂戰伐以盛首級。〕〔胡計切〕

韜 韜 tāo　　劍衣也。从韋，舀聲。〔土刀切〕

【注釋】

本義是弓或劍的套子。陸德明《經典釋文》：「韜，弓衣也。」引申為凡包藏之稱，今有「韜光養晦」，亦作「韜晦」。韜略謂用兵的謀略，兵書有《六韜》《三略》。

韝 韝 gōu　　射臂決也。从韋，冓聲。〔古侯切〕

【注釋】

古代射箭時戴在左臂上的皮制袖套。

韘 韘 shè　　射決也，所以拘弦。以象骨，韋系，著右巨指。从韋，枼聲。《詩》曰：童子佩韘。〔失涉切〕韘 韘，或从弓。

【注釋】

古代射箭時戴在右手大拇指上的扳指，又叫決。《詩經》：「雖則佩韘，能不我甲。」《詩經·小雅·車攻》：「決拾既佽，弓矢既調。」「決」即扳指，「拾」即韝，袖套也。

段注：「《大射儀》云：決猶闓也，以象骨為之，箸右大巨指以鉤弦闓體。按即今人之扳指也。」

韣 韣 zhú　　弓衣也。从韋，蜀聲。〔之欲切〕

【注釋】

弓袋也。

韔 韔 chàng　　弓衣也。从韋，長聲。《詩》曰：交韔二弓。〔丑亮切〕

【注釋】

弓袋也。

鞎 鞎 xiá　　履也。从韋，叚聲。〔乎加切〕

韖 韖 duàn（緞）　　履後帖也。从韋，段聲。〔徒玩切〕緞 韖，或从糸。

【注釋】

鞋子後跟的幫貼，即厚墊子。重文今俗以為綢緞字。

韤 韤 wà（襪、袜）　　足衣也。从韋，蔑聲。〔臣鉉等曰：今俗作韈，非是。〕〔望發切〕

【注釋】

今簡化字作袜，古俗字也。古帽子叫頭衣，或元衣，足衣則為襪也。古之襪做以皮，故從韋或從革，今之襪做以布帛。

段注：「《左傳》曰：褚師聲子襪而登席。謂燕禮宜跣也。」古代登堂則脫鞋，登席則脫襪。

韚 韚 pò　　輓裏也。从韋，專聲。〔匹各切〕

鞻 韊 quàn　　革中辨謂之鞻。从韋，龡聲。〔九萬切〕

【注釋】

皮革的皺褶。

韇 韇 jiū（揪）　　收束也。从韋，糕聲。讀若酋。〔臣鉉等曰：糕，側角切，聲不相近，未詳。〕〔即由切〕韇 韇，或从要。韇 韇，或从秋、手。

【注釋】

今通行重文揫字，《說文·手部》重出揫，云：「揫，束也。」《爾雅》：「揫，聚也。」結構變換則為揪。季節曰秋者，秋之為言揫也。

從秋之字、之音多有收斂義，如愁、遒（聚也）、湫（地勢低窪）、逑（斂聚也）、扈（迫也）、囚（繫也）、球（鞠丸也）、絿（急也）。

韓 韓 hán（韓）　　井垣也。从韋，取其币也。倝聲。〔胡安切〕

【注釋】

隸變作韓，今簡化作韩，草書楷書字形也。韓之本義是井上的木欄，即井架也，也叫井床。見前「井」字注。

文十六　重五

韌　鞒 rèn　　柔而固也。从韋，刃聲。〔而進切〕

【注釋】

本義是柔軟而結實，今有「堅韌」「柔韌」「韌性」。

文一　新附

弟部

弟　羑 dì　　韋束之次弟也。从古字之象。凡弟之屬皆从弟。〔特計切〕

羑 古文弟，从古文韋省，丿聲。

【注釋】

本義是次第，亦第之初文也。《說文》無第字。金文作 夆，象繩索束弋之形，弋象豎立有杈的短木樁，輾轉圍繞，而次第之義生焉。

段注：「束之不一則有次弟也。引申之為凡次弟之弟，為兄弟之弟，為豈弟之弟。」作虛詞，但也、只管也，又作「第」，《史記》：「君弟重射，臣能令君勝。」

羇　羇 kūn（晜）　　周人謂兄曰羇。从弟，从眾。〔臣鉉等曰：眾，目相及也，兄弟親比之義也。〕〔古魂切〕

【注釋】

今昆弟之本字也，隸變作晜。《說文》：「昆，同也。」非本字明矣。段注：「昆弟字當作此，昆行而羇廢矣。《釋親》：晜，兄也。郭注：今江東通言曰晜。」

今有「昆仲」「昆季」者，謂兄弟也。「昆玉」者，敬稱人之兄弟也。關漢卿《單刀會》第四折：「因將軍賢昆玉無尺寸地，暫供荊州以為養軍之資。」

文二　重一

夂部

夂　𡕒 zhǐ　　从後至也。象人兩脛後有致之者。凡夂之屬皆从夂。讀若黹。〔陟侈切〕

夆 hài　相遮要害也。从夊，丰聲。南陽新野有夆亭。〔乎蓋切〕

夆 fēng　牾也。从夊，丰聲。讀若縫。〔敷容切〕

【注釋】

段注：「《午部》曰：牾，逆也。夆訓牾，猶逢、迎、逆、遇、遌互相為訓。《釋訓》曰：甹夆，掣曳也。掣曳者，牾逆之意。」

從夆之字多有逆向義，如逢、捀（奉也）。亦多有尖端義，如蜂（尾部有尖）、峰（山尖）、鋒（刀尖）等。

夅 xiáng　服也。从夊、中，相承不敢並也。〔下江切〕

【注釋】

此降服之本字，亦初文也。段注：「凡降服字當作此，降行而夅廢矣。」《說文》：「降，下也。」段注：「以地言曰降，故从𨸏，以人言曰夅，故从夊中相承。」

夃 gǔ　秦以市買多得為夃。从乃，从夊，益至也。从乃。《詩》曰：我夃酌彼金罍。〔臣鉉等曰：乃，難意也。〕〔古乎切〕

【注釋】

今「沽名釣譽」字之初文，亦本字也。沽者，買也。《說文》：「沽：水出漁陽塞外。」即今河北白河也，非本字明矣。《說文》：「酤，一宿酒也。一曰：買酒也。」此買酒之專字，當後起也。今盈字從夃。

夸 kuà　跨步也。从反夊。𦐈从此。〔苦瓦切〕

文六

久部

久 jiǔ　从後灸之。象人兩脛後有距也。《周禮》曰：久諸牆以觀其橈。凡久之屬皆从久。〔舉友切〕

【注釋】

久乃灸之初文。假借為久長義，另加火表原義。《睡虎地秦墓竹簡》：「其腹有久

故瘢二所。」

　　楊樹達《積微居小學述林》：「古人治病，燃艾灼體謂之灸，久即灸之初文。字象從臥人，人病則臥床也。末畫像以物灼體之形。許不知字形從人，而以為兩脛，誤矣。」

　　　文一

桀部

　　桀 𣐽 jié　　磔也。從舛在木上也。凡桀之屬皆從桀。〔渠列切〕

【注釋】

　　本義是雞棲息的木樁，《詩經》：「雞棲于桀。」林義光《文源》：「《爾雅》：雞棲於杙為桀。象兩足在木上形。」

　　桀有殘暴義，今有「桀驁不馴」。夏桀者，諡號也，夏桀名履癸，因其殘暴不仁，故以桀諡之。商紂亦然，名帝辛，因其殘義損善，故諡曰紂。「桀犬吠堯」者，走狗一心為主子效勞，各為其主也。

　　磔 𥔤 zhé　　辜也。從桀，石聲。〔陟格切〕

【注釋】

　　本義是古代分裂牲體以祭神。引申為一種酷刑，磔刑，即車裂。後來凌遲處死，即「剮刑」，亦謂之磔。

　　段注：「按凡言磔者，開也，張也。剖其胸腹而張之，令其乾枯不收。字或作矺，見《史記》。」

　　乘 𣟃 chéng（乘）　　覆也。從入、桀。桀，黠也。軍法曰乘。𠅞 古文乘，從几。〔食陵切〕

【注釋】

　　𣟃，隸定字形；乘，隸變字形。甲骨文作 𡗓，象人登木之形。這是一種構形義，即字形所表示的意義，這個意義往往要比字的本義狹窄。清陳澧《東塾讀書記》所謂「字義不專屬一物，而字形則畫一物」，即指這種現象。

　　故乘之本義為登，非僅僅是登木。《詩·豳風·七月》：「亟其乘屋。」李孝定《甲骨文字集釋》：「乘之本義為升為登，引申加其上，覆與加其上同義，象人登木之形。」

登、乘古音同，一語之轉也。

登為本義，「覆也」乃引申義。乘有壓服、欺壓義，《尚書》：「周人乘黎。」《荀子》：「三國必起而乘我。」引申為駕馭、憑恃，如「乘風破浪」「乘勝追擊」。古制車馬不分使，一車四馬謂之一乘，故乘有兵車義，「乘輿」者，馬車也，帝王所常用，後代指帝王。

又表數詞四，《詩·小雅·采菽》：「路車乘馬。」乘馬者，四匹馬也；又有量詞車輛義，故有「萬乘」「千乘」；車以載人，史書載事，故史書叫史乘。「乘籍」亦謂史書也。《孟子》：「晉之《乘》，楚之《檮杌》，魯之《春秋》，一也。」

文三　重一

卷六上

二十五部 文七百五十三 重六十一 凡九千四百四十三字 文二十新附

木部

木 ✚ mù　　冒也。冒地而生，東方之行。从屮，下象其根。凡木之屬皆从木。〔徐鍇曰：屮者，木始甲拆，萬物皆始於微，故木从屮。〕〔莫卜切〕

【注釋】

冒也，聲訓，以釋木之得名也。常指棺材，今有「行將就木」。木，樹也，今有「緣木求魚」，非木頭也。

又樹葉也，杜甫詩：「無邊落木蕭蕭下。」左思《蜀都賦》：「木落南翔，冰泮北徂。」劉逵注：「木落者，葉落也。」《詩經·衛風·木瓜》「投我以木瓜」「投我以木桃」「投我以木李」，句中的「木」皆果實義。皆相鄰引申也。

壯侗語中表示「果實」義的〔ma：k〕與古漢語「木」的讀音近似，而且壯侗語中的〔ma：k〕在構詞中位於表示具體果實的語素之前（即俞樾所說的「大名冠小名」），「木瓜」「木桃」「木李」的構詞方式可能是原始漢藏語的殘存形式。

橘 橘 jú（桔）　　果，出江南。从木，矞聲。〔居聿切〕

【注釋】

《考工記》：「橘踰淮而北為枳。」屈原《橘賦》：「受命不遷，生南國兮。」橘為今之水果，橘俗字寫作桔。清屈大均《廣東新語》：「桔者小而甘，曰松皮，桔皮紅不黏肉。」

桔，音 jié，為藥材，即「桔梗」，多年生草本植物，花暗藍色或紫色，供觀賞，

根可入藥。《說文》:「桔,桔梗,藥名。」橘、桔本二物,後桔作為橘之俗字,不可不辨。桔是二簡字中為數不多的倖存者。

橙 橙 chéng　　橘屬。从木,登聲。〔丈庚切〕

柚 柚 yòu　　條也,似橙而酢。从木,由聲。《夏書》曰:厥包橘柚。〔余救切〕

【注釋】

柚又叫條。酢,酸也。

段注:「按今橘、橙、柚三果,莫大於柚,莫酢於橙汁,而橙皮甘可食,《本草經》合橘柚為一條,渾言之也。」

樝 樝 zhā(楂)　　果似梨而酢。从木,盧聲。〔側加切〕

【注釋】

此山楂之古字也,《說文》無楂字。

黎 黎 lí(梨)　　果名。从木,㓝聲。㓝,古文利。〔力脂切〕

【注釋】

今作梨,《說文》無梨字。「哀梨」,又叫「哀家梨」,相傳漢代秣陵人哀仲所種之梨大而味美,當時人稱為「哀梨」。後常用以比喻流暢俊爽的文辭,如「讀君之文,如食哀家梨」「天生健筆一枝,爽如哀梨」。

樗 樗 yǐng　　棗也,似柿。从木,粵聲。〔以整切〕

【注釋】

黑棗,今俗呼之為羊矢棗。

柿 柿 shì(柿)　　赤實果。从木,朿聲。〔鋤里切〕

【注釋】

俗作柿。段注:「言果又言實者,實謂其中也。赤中,與外同色惟柿。」柿子又

叫赤心果，顏色內與外同。

　　枏 枏 nán（枏、楠）　　梅也。从木，冄聲。〔汝閻切〕

【注釋】

　　枏，隸變作枏，俗字作楠。木名，楠木也，高大喬木，質地堅硬，常作家具。《說文》無楠字。冄隸變作冉。

　　梅 梅 méi　　楠也，可食。从木，每聲。〔莫杯切〕楳 或从某。

【注釋】

　　本義是楠木的別名，非今之梅樹、梅花、酸梅字，後者本字作某，《說文》：「某，酸果也。从木，从甘。」

　　段注：「楠亦名梅，後世取梅為酸果之名，而梅之本義廢矣。許意某為酸果正字，故某篆解云：酸果也，从木，从甘。則凡酸果之字作梅，皆假借也。凡某人之字作某，亦皆假借也。假借行而本義廢，固不可勝數矣。」

　　故今之梅字，有二義：一是常用之梅花、酸梅義；一是楠木之別名。《詩經》中之梅字此二義皆有，《召南·摽有梅》：「摽有梅，其實七兮。」乃今之酸果也。《秦風·終南》：「終南何有，有條有梅。」此今之楠樹也。

　　杏 杏 xìng　　果也。从木，可省聲。〔何梗切〕

【注釋】

　　「杏壇」相傳為孔子聚徒授業講學之處，泛指授徒講學之處，今喻教育界。

　　柰 柰 nài（奈）　　果也。从木，示聲。〔奴帶切〕

【注釋】

　　俗字作奈。本義是蘋果的一種，通稱「柰子」，亦稱「花紅」「沙果」。《千字文》：「果珍李柰，菜重芥薑。」假借為奈何字。

　　李 李 lǐ　　果也。从木，子聲。〔良止切〕杍 古文。

【注釋】

　　今作姓氏字。唐代皇帝李姓，溯其祖先為老子，故道教在唐代極為盛行，道教

之經典《老子》為《道德經》,《莊子》為《南華真經》,唐代之《十三經》沒有《孟子》,而有老莊。

據傳老子的母親吃了一個李子,懷孕八十一年誕下老子,老子生而能言,自己指著李樹說是他的姓氏,故姓李,又耳朵比較大,故叫李耳。其他諸如修巳吞薏米生大禹,簡狄吞燕卵生契,姜嫄踩巨人趾生后稷,佛庫倫吞紅果生愛新覺羅氏之祖先,聖母瑪利亞受聖靈感應生耶穌,堯母慶都感赤龍而生堯,皆如是,蓋「聖人無父,感天而生」,皆傳言爾。

今有「行李」一詞,謂出行之使者,後使者所帶物品亦曰行李。段注:「古李、理同音通用,故行李與行理並見,大李與大理不分。」「行李」亦作「行理」,或作「行使」。

桃 táo　　果也。从木,兆聲。〔徒刀切〕

楸 mào　　冬桃。从木,敄聲。讀若髦。〔莫候切〕

【注釋】

懋從此聲。懋,勉也。

亲 zhēn　　果,實如小栗。从木,辛聲。《春秋傳》曰:女摯不過亲栗。〔側詵切〕

【注釋】

親、新從此聲。

段注:「《左傳》《毛詩》字皆作榛,假借字也。榛行而亲廢矣。」

楷 kǎi　　木也,孔子冢蓋樹之者。从木,皆聲。〔苦駭切〕

【注釋】

本義是樹名,南方有名的樹種。孔子死後,子貢把楷樹種植到孔子墓地,並守墓六年,因楷樹質地堅硬,以喻孔子之品德。今曲阜孔廟仍有遺跡,並有立碑,上撰「子貢手植楷」。今「楷模」「楷書」皆從楷樹引申之也。楷,法也。常用義是法式、典範。《廣雅》:「楷,法也。」

梫 qǐn　　桂也。从木,侵省聲。〔七荏切〕

桂 桂 guì　　江南木，百藥之長。从木，圭聲。〔古惠切〕

【注釋】

此樹名，肉桂也，非桂花樹。常綠喬木，樹皮可做健胃劑，可調味，稱「桂皮」。流俗之桂花樹名木犀，常綠灌木或小喬木，花黃色或黃白色，極芳香，果黑色。花可作香料，唐以來始有，二者非一物。

棠 棠 táng　　牡曰棠，牝曰杜。从木，尚聲。〔徒郎切〕

【注釋】

喬木名。今海棠樹乃其中之一種。「棠棣」見「棣」注。

段注：「艸木有牡者，謂不實者也。《小雅》云：有杕之杜，有皖其實。此牝者曰杜之證也。今之海棠皆華而不實，蓋所謂牡者曰棠也。」

杜 杜 dù　　甘棠也。从木，土聲。〔徒古切〕

【注釋】

樹名，即杜梨樹。落葉喬木，果實圓而小，味澀可食，俗稱「杜梨」，亦稱「甘棠」「棠梨」。藉以為杜塞之杜，杜之常用義為堵塞，今有「杜絕」。「杜撰」謂憑空捏造，即「土撰」也，土有自己、自家義，本楊琳先生說。

榴 榴 xí　　木也。从木，習聲。〔似入切〕

樿 樿 shàn　　木也，可以為櫛。从木，單聲。〔旨善切〕

檈 檈 wěi　　木也，可屈為杆者。从木，韋聲。〔于鬼切〕

【注釋】

段注：「杆當作盂。盂，飲器也。《玉篇》曰：檈木皮如韋，可屈以為盂。」

楢 楢 yóu　　柔木也，工官以為奯輪。从木，酉聲。讀若糗。〔以周切〕

【注釋】

段注：「郭注《山海經》云：楢，剛木，中車材。剛木即柔木，蓋此木堅韌，故

柔剛異偁而同實耳。」

    邛 [木邛] qióng   椐木也。从木，邛聲。〔渠容切〕

    棆 [木侖] lún   母杶也。从木，侖聲。讀若《易》卦屯。〔陟倫切〕

    楈 [木胥] xù   木也。从木，胥聲。讀若芟刈之芟。〔私閭切〕

    柍 [木央] yīng   梅也。从木，央聲。一曰：江南橦材，其實謂之柍。〔於京切〕

    楑 [木癸] kuí   木也。从木，癸聲。又，度也。〔求癸切〕

【注釋】

    度也，此與《手部》「揆」音義皆同，「揆」專行而「楑」廢矣。《說文》：「揆，葵也。」

    段注據《六書故》所引唐本《說文》改為「度也」，云：「度者，法制也，因以為揆度之度。《小雅》：天子葵之。傳曰：葵，揆也。謂假葵為揆也。」

    梏 [木告] gǎo   木也。从木，告聲。讀若皓。〔古老切〕

    椆 [木周] chóu   木也。从木，周聲。讀若丩。〔職留切〕

    樕 [木欶] sù   樸樕，木。从木，欶聲。〔桑谷切〕

    檥 [木彝] yí   木也。从木，彝聲。〔羊皮切〕

    梣 [木岑] cén   青皮木。从木，岑聲。[木寑] 或从寣省。寣，籀文寑。〔子林切〕

    棳 [木叕] zhuō   木也。从木，叕聲。益州有棳縣。〔職說切〕

【注釋】

梁上的短柱。段注：「俗以為梁上楹之字。」

虦 háo　　木也。从木，號省聲。〔乎刀切〕

棪 yàn　　遬其也。从木，炎聲。讀若三年導服之導。〔以冉切〕

椯 chuán　　木也。从木，耑聲。〔市緣切〕

椋 liáng　　即來也。从木，京聲。〔呂張切〕

【注釋】

段注：「案呼曰即來，單呼曰來。《唐本艸》謂之椋子木。」

檍 yì　　杶也。从木，意聲。〔於力切〕

櫠 fèi　　木也。从木，費聲。〔房未切〕

樗 chū（樗）　　木也。从木，虖聲。〔丑居切〕

【注釋】

今同樗，臭椿樹也。古人以為惡木，常以為薪。「樗櫟」謂臭椿與柞樹，喻無用之材，亦作自謙之辭，亦稱「樗材」或「樗櫟之材」。見後「樗」字注。

楀 yǔ　　木也。从木，禹聲。〔王矩切〕

藟 lěi　　木也。从木，藟聲。〔力軌切〕　籀文。

【注釋】

爬山虎類。

段注：「今江東呼櫐為藤。虎櫐，今虎豆，纏蔓林樹而生。近於艸者則為《艸部》之藟，《詩》之藟也；近於木者則為《木部》之櫐。」

從畾之字多有纏繞義，如藟（艸也）、櫑（龜目酒尊，刻木作雲雷象）、靁（雷

字，晶象回轉形）、纍（後省作累字，綴得理也）、壘（軍壁也）。

椸 椸 yí　　赤棟也。从木，夷聲。《詩》曰：隰有杞椸。〔以脂切〕

栟 栟 bīng　　栟櫚也。从木，并聲。〔府盈切〕

椶 椶 zōng（棕）　　栟櫚也，可作萆。从木，㚇聲。〔子紅切〕

【注釋】

椶即今之棕字，即棕櫚也。《說文》無棕。

檟 檟 jiǎ　　楸也。从木，賈聲。《春秋傳》曰：樹六檟於蒲圃。〔古雅切〕

【注釋】

檟有二義：一、楸也。大的叫楸，小的叫檟。二、茶樹也，茶樹古亦稱檟，如「檟楛」即茶樹。

椅 椅 yī　　梓也。从木，奇聲。〔於離切〕

【注釋】

本義是樹名，落葉喬木，木材可以製器物，亦稱山桐子。「椅梧」謂椅樹和梧桐樹。今作為椅子字，椅子最早寫作倚子。椅者，倚也。

梓 梓 zǐ　　楸也。从木，宰省聲。〔即里切〕梓 或不省。

【注釋】

本義是樹名。落葉喬木，木材堅硬，可供建築及製造器物之用。「梓器」謂木工所製的器具。「梓宮」謂皇帝的棺材。「梓人」「梓匠」者，木工也。

古者印刷之雕版多選用質地堅硬的梨木、棗木、梓木，故「付梓」「梓行」「梓刻」謂開版印刷。古者家宅旁常栽梓樹和桑樹，故以「桑梓」代指故鄉，今「梓里」「梓鄉」皆謂故鄉也。

楸 楸 qiū　　梓也。从木，秋聲。〔七由切〕

【注釋】

落葉喬木，枝幹高大，質地緻密，耐濕，可造船，古棋盤多用楸木。今有「楸局」「楸枰」皆謂棋盤也。

檍 檍 yì（檍）　　梓屬，大者可以為棺槨，小者可以為弓材。从木，䔜聲。〔於力切〕

【注釋】

檍，樹名，木材堅韌，可做弓弩等。

柀 柀 bǐ　　樧也。从木，皮聲。一曰：折也。〔甫委切〕

【注釋】

段注改為「一曰：析也」。此「披靡」之本字也。《說文》：「披，从旁持曰披。」

段注：「《木部》柀訓析也，柀靡字如此作，而淺人以披訓析，改柀靡為披靡，莫有能諟正者。」

樧 杉 shān（杉）　　木也。从木，黏聲。〔臣鉉等曰：今俗作杉，非是。〕〔所銜切〕

【注釋】

今俗杉字。《說文》無杉字。

榛 榛 zhēn　　木也。从木，秦聲。一曰：蓛也。〔側詵切〕

【注釋】

本義是一種落葉灌木或小喬木，《詩·邶風·簡兮》：「山有榛。」《廣雅》：「木叢生曰榛。」「榛林」謂叢林也。《詩經》：「桃之夭夭，其葉蓁蓁。」則蓁、榛同源詞也。

栲 栲 kǎo　　山樗也。从木，尻聲。〔苦浩切〕

杶 杶 chūn（椿）　　木也。从木，屯聲。《夏書》曰：杶幹栝柏。〔敕倫切〕橁或从熏。杻古文杶。

【注釋】

　　古同「椿」，香椿。《說文》無椿字。古代傳說椿樹長壽，《莊子·逍遙遊》：「上古有大椿者，八千年為春，八千年為秋。」後用來形容高齡，「椿年」「椿齡」「椿壽」皆為祝人壽考之詞。因其長壽，亦用以指父親，「椿庭」者，古稱父親也。「椿萱」或「萱椿」者，父母之代稱也。

　　橁 chūn　　杶也。从木，旬聲。〔相倫切〕

　　桵 ruí　　白桵，棫。从木，妥聲。〔臣鉉等曰：當从綏省。〕〔儒隹切〕

【注釋】

　　段注：「鉉曰：當从綏省聲。按鉉因《說文》無妥字，故云爾。綏下則又云：當作从爪、从安省。抑思妥字見於《詩》《禮》，不得因許書偶無妥字而支離其說也。」

　　棫 yù　　白桵也。从木，或聲。〔于逼切〕

【注釋】

　　一種小樹，叢生。《詩經》：「芃芃棫樸，薪之槱之。」

　　槥 xī　　木也。从木，息聲。〔相即切〕

　　椐 jū　　樻也。从木，居聲。〔九魚切〕

　　樻 kuì　　椐也。从木，貴聲。〔求位切〕

　　栩 xǔ　　柔也。从木，羽聲。其皁，一曰：樣。〔況羽切〕

【注釋】

　　即柞木也，《詩經·鴇羽》：「集于苞栩。」今作為「栩栩如生」字。

　　段注：「陸機曰：栩，今柞櫟也。徐州人謂櫟為杼，或謂之為栩。按毛傳、《說文》皆栩、柔、樣為一木。」

　　柔 shù　　栩也。从木，予聲。讀若杼。〔直呂切〕

【注釋】

段注：「《莊子》：狙公賦芧。司馬云：芧，橡子也。芧即柔字，橡即樣字。柔本樹名，因用為實名也。此與機杼字以下形上聲、左形右聲分別。」

樣 檥 xiàng（橡、样）　　栩實。从木，羕聲。〔徐兩切〕

【注釋】

今橡字，橡，俗字也。《說文》無橡字。今作式樣字。簡化作样，古俗字也。段注：「今人用樣為式樣字，象之假借也，唐人式樣字从手作搛。」

橡者，成語「朝三暮四」中，狙公所喂猴子者也。《莊子》：「狙公賦芧，曰：『朝三而暮四。』眾狙皆怒。曰：『然則朝四而暮三。』眾狙皆悅。」《莊子》狙公之芧，即柔也。

杙 杮 yì　　劉，劉杙。从木，弋聲。〔與職切〕

【注釋】

劉樹，又叫劉杙樹。樹名，果實像梨，味酸甜，核堅實。

杙常用義為小木樁，《爾雅》：「橛謂之杙。」實為弋之借字。《說文》：「弋，橛也。象折木邪銳著形。」《說文》：「隿，繳射飛鳥也。」段注：「今人以杙為橜弋字，乃以橜弋為隿射字，其誤久矣。」

枇 枇 pí　　枇杷，木也。从木，比聲。〔房脂切〕

【注釋】

木名枇杷，果實亦名枇杷。

桔 桔 jié　　桔梗，藥名。从木，吉聲。一曰：直木。〔古屑切〕

【注釋】

今作為橘之俗字，見「橘」字注。從吉之字多有堅、直義，如齮（齒堅聲）、佶（正也）、頡（直項也）、硈（石堅也）、黠（堅黑也）。

柞 柞 zuò　　木也。从木，乍聲。〔在各切〕

【注釋】

柞樹即櫟樹，即橡樹，葉可以養蠶。蠶絲分為桑蠶絲和柞蠶絲。

段注：「柞可薪，故引申為凡伐木之偁。《周禮》有柞氏，《周頌》傳曰：除艸曰芟，除木曰柞。」

枰 𣘹 tū　　木，出橐山。从木，乎聲。〔他乎切〕

楈 𣛰 jiàn　　木也。从木，晉聲。《書》曰：竹箭如楈。〔子善切〕

【注釋】

段注：「《尚書》大傳曰：南山之南有木名橋，高高然而上，父道也。南山之陰有木名梓，晉晉然而俯，子道也。高與橋、晉與梓，皆疊韻。梓字當是楈字。梓从宰省聲，不與晉同韻也。」

今「橋梓」，又作「喬梓」，代父子。

㭸 𣗵 suì　　羅也。从木，㒸聲。《詩》曰：隰有樹㭸。〔徐醉切〕

椵 𣙟 jiǎ　　木，可作牀几。从木，叚聲。讀若賈。〔古雅切〕

【注釋】

段注：「椵樹，葉似桐，甚大，則椵為大木，故材可牀几。」

從叚之字多有大義，《爾雅》：「假，大也。」葭（葦之未秀者）、遐（遠也）、嘏（大遠也）、暇（閒也）、豭（牡豕也）、麚（牡鹿）。

橞 𣝌 xì　　木也。从木，惠聲。〔胡計切〕

楛 𣚶 hù　　木也。从木，苦聲。《詩》曰：榛楛濟濟。〔侯古切〕

【注釋】

本義是木名，《韓非子·十過》：「有楛高至於丈。」高多不堅固，故引申出粗劣不堅固義，常指器物，如「楛窳」謂粗惡不精。今常用作苦字，假借字也。

檤 𣘇 jī　　木也，可以為大車軸。从木，齊聲。〔祖雞切〕

杨 柳 réng　　木也。从木，乃聲。讀若仍。〔如乘切〕

櫇 櫇 pín　　木也。从木，頻聲。〔符真切〕

【注釋】

今檳榔樹也。

樲 樲 èr　　酸棗也。从木，貳聲。〔而至切〕

樸 樸 pú　　棗也。从木，僕聲。〔博木切〕

橪 橪 rǎn　　酸小棗。从木，然聲。一曰：染也。〔人善切〕

柅 柅 nǐ　　木也，實如梨。从木，尼聲。〔女履切〕

梢 梢 shāo　　木也。从木，肖聲。〔所交切〕

【注釋】

　　本義是樹梢，《說文解字繫傳》：「樹枝末也。」引申出船舵尾也叫梢，後又造「艄」字專表之，船尾叫作船艄，船尾掌舵的人叫艄公，也泛指船夫。從肖之字多有小、尾端義，見前「哨」字注。如梢、筲、稍、哨等。

　　段注：「《廣韻》：梢，船舵尾也，又枝梢也。此今義也。《釋木》：梢，梢擢。按梢擢字，蓋本从手作捎。」

櫪 櫪 lì　　木也。从木，隸聲。〔郎計切〕

栵 栵 liè　　木也。从木，寽聲。〔力輟切〕

梭 梭 xùn　　木也。从木，夋聲。〔臣鉉等曰：今人別音酥禾切，以為機杼之屬。〕〔私閏切〕

【注釋】

　　今作為梭子字。段注：「今人訓織具者，用為杼字也，於其雙聲讀之也，《廣雅》

作梭。」據段注，梭、杼一語之轉也，古念杼，今念梭也。

　　樿樿 bì　　木也。从木，畢聲。〔卑吉切〕

　　梸梸 là　　木也。从木，剌聲。〔盧達切〕

　　枸枸 jǔ　　木也，可為醬，出蜀。从木，句聲。〔俱羽切〕

【注釋】

　　《詩·小雅》：「南山有枸。」毛傳：「枸，枳枸也。」枸即枳椇，今名拐棗也。南山，秦嶺也。今常作枸杞字，非一物也。

　　樜樜 zhè　　木，出發鳩山。从木，庶聲。〔之夜切〕

【注釋】

　　樜木也，樜同柘，可以染黃。《說文》：「柘，桑也。」柘黃袍者，皇袍也。赭為赤土，亦赤黃色，蓋同源詞也。

　　枋枋 fāng　　木，可作車。从木，方聲。〔府良切〕

　　橿橿 jiāng　　枋也。从木，畺聲。一曰：鋤柄名。〔居良切〕

【注釋】

　　《釋名》：「鋤，齊人謂其柄曰橿，橿然正直也。」從畺之字多有直義，如僵硬。

　　樗樗 huà（樺）　　木也，以其皮裹松脂。从木，雩聲。讀若華。樺 或从蓳。〔乎化切〕

【注釋】

　　段注：「各本樗與樗二篆互訛，今正。如種、種之例矣。《豳風》《小雅》毛傳皆曰：樗，惡木也。惟其惡木，故豳人只以為薪，《小雅》以儷惡菜，今之臭椿樹是也，所在有之，有一種葉香者可食。」

　　據《說文》原義，樗為今樺字，樗為今臭椿樹樗字。段注以為此二篆顛倒，段氏之論，至為精辟。

「樗櫟」謂臭椿與柞樹，比喻無用之材，多用於自謙之辭，也作「樗材」。「樗蒲」指古代一種賭博遊戲，像後代的擲骰子，後亦作為賭博的通稱。

蘗 𤲫 bò　　黃木也。从木，辟聲。〔博厄切〕

【注釋】

即黃蘗，落葉喬木，莖可製黃色染料，簡稱「蘗」。

唐朝書卷子多用黃蘗汁染黃，以防蟲蠹，故有「青燈黃卷」之說。雌黃是一種黃色的顏料，用之塗改於黃卷上，正合宜。今有「信口雌黃」。

棼 棻 fēn（棻）　　香木也。从木，芬聲。〔撫文切〕

【注釋】

即今棻字。一種帶香味的木頭。段注：「按隸字多作棻。蓋由篆體本作芬在木上，象香氣上出。」芬為草香，棻為香木，同源詞也。

晉朝左思之妹左棻，晉武帝妃，擅文辭。唐人有令狐德棻，著《周書》。民國教育總長有傅岳棻。今人有王海棻，研究《馬氏文通》。作家有沈祖棻。

樧 㮹 shā　　似茱萸，出淮南。从木，殺聲。〔所八切〕

【注釋】

茱萸，又名越椒。《楚辭·離騷》：「椒專佞以慢慆兮，樧又欲充夫佩幃。」王逸注：「樧，茱萸也，似椒而非，以喻子椒似賢而非賢也。」後遂以「椒樧」指諂佞之徒。

槭 㮡 zú　　木可作大車輮。从木，戚聲。〔子六切〕

【注釋】

大車，牛車也。車輮，即車圈，古叫車輞，也叫車牙。今汽車車圈仍有鋼輞、鋁輞之分。

楊 楊 yáng　　木也。从木，易聲。〔與章切〕

【注釋】

今簡化字作杨，草書楷化字形。見下「柳」字注。蒲柳，也叫水楊。「蒲柳之質」

用來比喻或自謙身體衰弱。

檉 檉 chēng　　河柳也。从木，聖聲。〔敕貞切〕

【注釋】

即檉柳，也叫三春柳或紅柳。

段注：「陸機云：生水旁，皮正赤如絳，一名雨師。羅願云：『葉細如絲，天將雨，檉先起氣迎之，故曰雨師。』按檉之言赬也，赤莖故曰檉。《廣韻》釋楊為赤莖柳，非也。」

柳 柳 liǔ　　小楊也。从木，丣聲。丣，古文酉。〔力九切〕

【注釋】

楊、柳析言有分，統言無別。同屬楊柳科，楊樹為楊屬，柳樹為柳屬，今並稱楊柳。「楊柳」泛指柳樹，《詩經》：「昔我往矣，楊柳依依。」「楊柳陌」謂栽柳樹之路，多用指分別處。「楊枝」即柳枝，古折以送行。元戴表元《昨日行》：「楊枝不耐秋風吹。」觀音菩薩之楊枝甘露，柳枝也。「水性楊花」者，「楊花」即柳絮也。柳絮飄揚，水性流動，故稱。韓愈詩：「楊花榆莢無才思，惟解滿天作雪飛。」楊花即柳絮也。

今從卯之字來源有二：一是十二地支之卯，如今昴、鉚、峁、貿等。二是古文酉，如柳、留、劉等。另外卿字，所從非卯、非丣字，乃𠨍字，隸變也作卯。

段注改作「少楊也」，云：「各本作小楊，今依《孟子正義》，蓋古本也。古多以少為小，如少兒即小兒之類。楊之細莖小葉者曰柳。古多假柳為酉，如鄭印癸，字子柳。柳即丣，名癸，字酉也。《仲尼弟子列傳》：顏幸，字子柳。柳亦即丣，幸者辛之訛也。」

橚 橚 xún　　大木，可為鋤柄。从木，夐聲。〔詳遵切〕

欒 欒 luán　　木，似欄。从木，䜌聲。《禮》：天子樹松，諸侯柏，大夫欒，士楊。〔洛官切〕

【注釋】

本義是木名。今簡化作栾，乃草書楷化字形也，參「彎」「變」。《詩·檜風·

素冠》：「庶見素冠兮，棘人欒欒兮。」毛傳：「欒欒，瘠貌。」鄭玄箋：「急於哀戚之人。」後人居父母喪時，自稱「棘人」。

移 柂 yí　　棠棣也。从木，多聲。〔弋支切〕

【注釋】

小徐本作「棠棣木」。

棣 棣 dì　　白棣也。从木，隶聲。〔特計切〕

【注釋】

木名，即鬱李，落葉灌木，花黃色，果實黑色，供觀賞。「常棣」也作「棠棣」。《詩·小雅·常棣》：「棠棣之華，鄂不韡韡，凡今之人，莫如兄弟。」這是一首申述兄弟應該互相友愛的詩，後常用以指兄弟。棣又通弟，如「賢棣」。「棣友」「棣鄂」「棣萼」喻兄弟友愛。

枳 枳 zhǐ　　木，似橘。从木，只聲。〔諸氏切〕

【注釋】

《晏子春秋》：「橘生淮南則為橘，生於淮北則為枳，葉徒相似，其實味不同。所以然者何？水土異也。」

楓 楓 fēng　　木也，厚葉，弱枝，善搖。一名欇。从木，風聲。〔方戎切〕

權 權 quán　　黃華木。从木，雚聲。一曰：反常。〔巨員切〕

【注釋】

今簡化作权，符號替代字。權的本義是黃華木，然此本義文獻未見。常用義是秤錘，故權衡連用。衡，秤桿也。《金粉世家》金總理，名權，字子衡，名字相關。

「一曰：反常」，權者，變也，即反常之謂也，今有「通權達變」。古語有「男女授受不親，經也；嫂溺援之以手，權也」。經者，恒也，常也。權有謀略義，孫權字仲謀，謀略要變通，所謂兵不厭詐。

柜 柜 jǔ（櫸、櫃）　　木也。从木，巨聲。〔其呂切〕

【注釋】

本義是木名，今俗作櫸，即鬼柳樹也。今簡化作櫃之俗字。

槐 槐 huái　　木也。从木，鬼聲。〔戶恢切〕

【注釋】

古者帝王宮廷，中植三棵槐樹，乃三公之位，兩邊各植九棵棗樹，即九棘，象徵九卿。後「槐棘」喻指高位。貴族之家也多植槐樹。《左傳》刺客刺殺宰相趙盾，「觸槐而死」，可為證。《天龍八部》蕭峰養父名喬三槐，蓋亦本此。今河南農村院落多植槐樹，蓋亦古風之遺留者也。

榖 榖 gǔ　　楮也。从木，𣪊聲。〔古祿切〕

【注釋】

段注：「《小雅》傳曰：榖，惡木也。陸機疏曰：江南以其皮搗為紙，謂之榖皮紙，絜白光輝。按《山海經》傳曰：榖，亦名構。此一語之輕重耳。」

楮 楮 chǔ　　榖也。从木，者聲。〔丑呂切〕 𣏔 楮，或从宁。

【注釋】

可造紙，故「毫楮」謂筆紙也。宁，音 zhù，貯存之本字也，今作寧願字，見前「寧」字注。明前期印書多用白棉紙，即用楮樹皮製成。

檵 檵 jì　　枸杞也。从木，繼省聲。一曰：監木也。〔古詣切〕

【注釋】

繼今簡化字作继，乃草書楷化字形。

段注：「按《釋木》、毛傳皆云：杞，枸檵。《禮記》鄭注亦云：芑，枸檵也。郭注《爾雅》云：今枸杞也。是則枸檵為古名，枸杞雖見《本艸經》，而為今名。」

杞 杞 qǐ　　枸杞也。从木，己聲。〔墟里切〕

【注釋】

又古國名，杞國也。武王克商後，封夏代之後裔於雍丘，今河南杞縣，即古杞國也，杞人憂天即發生於此地。

孔子曰：「夏禮吾能言之，杞不足徵也；殷禮吾能言之，宋不足徵也。文獻不足故也。足，則吾能徵之矣。」杞國是夏朝的後裔，宋國是殷商的後裔，故孔子有此歎。

枒 𣕅 yá（椰）　　木也。从木，牙聲。一曰：車輞會也。〔五加切〕

【注釋】

或作梛，亦作椰。《玉篇》：「出交阯，高數十丈，葉在其末。」《左思·吳都賦》：「椰葉無陰。」又同「丫」，「杈枒」「枒枝」謂枝杈也。「一曰：車輞會也」，車輞又叫車牙，本字當作枒。

段注：「車輪之肉，今北人謂之瓦，即古語之牙也。謂之牙者，如艸木萌芽句曲然，雜佩之璜曰牙，亦猶是也。車網必合眾曲而成大圜，故謂之網會。網會，絫言之也。牙、枒蓋古今字。」

檀 檀 tán　　木也。从木，亶聲。〔徒乾切〕

櫟 櫟 lì　　木也。从木，樂聲。〔郎擊切〕

【注釋】

櫟即柞樹也，其木理斜曲，古多作炭薪，古人常喻作不材之木。「樗櫟之材」謂無用之材。

梂 梂 qiú　　櫟實。一曰：鑿首。从木，求聲。〔巨鳩切〕

【注釋】

從求之字、之音多有聚斂義，《爾雅》：「揫、鳩，聚也。」朻（椒實裏如表者）、逑（斂聚也）、裘（皮衣也）、毬（鞠丸也）、蟗（多足蟲也）。

楝 楝 liàn　　木也。从木，柬聲。〔郎電切〕

【注釋】

落葉喬木，又叫苦楝樹。種子和樹皮都可入藥，俗名「苦楝子」，果光滑，黃色。今河南農村多有此樹，吾家老宅即植一棵，音轉為 luǎn 樹。

段注改作「楝木也」，云：「各欄俗作楝，乃用欄為闌檻俗字。欄實曰金鈴子，可用浣衣。按《莊子》：非練實不食，或謂即欄實，欄實非珍物，似非的解也。」

　　檿 檿 yàn　　山桑也。从木，厭聲。《詩》曰：其檿其柘。〔於琰切〕

【注釋】

檿桑即山桑，葉可飼蠶，木堅勁，古代多用以製弓和車轅。檿桑木製的弓，弓性強勁。

西周宣王時有童謠曰：「檿弧箕服，實亡周國。」檿弧，山桑木製的弓。箕服，箕木製的盛矢桶。此謠為後來幽王寵褒姒殃國之兆，後世常用為典故，金蔡珪《讀史》：「檿弧漏天網，哲婦鴟梟同。」

　　柘 柘 zhè　　桑也。从木，石聲。〔之夜切〕

【注釋】

見前「樜」字注。

　　桼 桼 qī　　木，可為杖。从木，㭎聲。〔親吉切〕

【注釋】

一種樹，可作杖。小徐云：「今榔栗之屬。」非《詩經》「椅桐梓漆」字。「梓漆」，梓樹與漆樹，古代以為製琴瑟之材，代指琴瑟。漆樹，落葉喬木，樹皮灰白色，常裂開，裏面乳白色的液體即生漆。種子榨油，供製肥皂和油墨，木材緻密，是建築和家具用材。

　　櫏 櫏 xuán　　櫏味，稔棗。从木，還聲。〔似沿切〕

　　梧 梧 wú　　梧桐木。从木，吾聲。一名櫬。〔五胡切〕

【注釋】

即青桐樹。段注：「賈思勰曰：『今梧桐皮青者曰梧桐。案今人以其皮青，號曰青

桐也。』玉裁謂：此今人所植梧桐樹也。」

榮 🌳 róng　　桐木也。从木，熒省聲。一曰：屋梠之兩頭起者為榮。
〔永兵切〕

【注釋】

荣乃草書楷化字形。本義即白桐樹。

常用義是花，今有「榮華富貴」。華者，花之古字也。見前「英」字注。金文作🌳，象木枝柯相交之形，其端從二火，木之華也。據金文，榮之本義當為花。引申為茂盛義，今有「欣欣向榮」。

「一曰：屋梠之兩頭起者為榮」，屋簷兩頭翹起的部分叫榮，《儀禮·士冠禮》：「直於東榮。」鄭玄注：「榮，屋翼也。」《上林賦》：「暴於南榮。」注：「南簷也。」「榮阿」謂飛簷的曲隅。

段注：「按梧下云：梧桐木。榮下曰：桐木。此即賈思勰青桐、白桐之別也。白桐華而不實，材中樂器，青桐則不中用。簷之雨頭軒起為榮，故引申凡揚起為榮，卑污為辱。」

桐 🌳 tóng　　榮也。从木，同聲。〔徒紅切〕

【注釋】

即白桐樹。

橎 🌳 fán　　木也。从木，番聲。讀若樊。〔附轅切〕

榆 🌳 yú　　榆，白枌。从木，俞聲。〔羊朱切〕

枌 🌳 fén　　榆也。从木，分聲。〔扶分切〕

【注釋】

即白榆樹也。

梗 🌳 gěng　　山枌榆，有束，莢可為蕪夷者。从木，更聲。〔古杏切〕

【注釋】

本義是山榆樹。今作為「梗塞」字，本字當作骾，《說文》：「食骨留咽中也。」常用有正直義，今有「梗直」，即耿直也。今有「梗著脖子」，亦直義。有堵塞義，今有「梗塞」「從中作梗」。又有災禍義，《詩經》：「誰生歷階，至今為梗。」

段注：「山枌榆，又枌榆之一種也，有束，故名梗榆，即《齊民要術》所謂刺榆者也。《方言》：凡草木刺人，自關而東或謂之梗。郭注：今云梗榆是也。按梗引申為凡柯莖鯁刺之偁。」

樵 樵 qiáo　　散也。从木，焦聲。〔昨焦切〕

【注釋】

段注改為「散木也」，不中用的木頭。本義是木柴，泛指打柴，又指打柴者，今有「樵夫」，如「問樵樵不語，問牧牧不言」。

松 松 sōng　　木也。从木，公聲。〔祥容切〕 㮤 松，或从容。

樠 樠 mén　　松心木。从木，㒼聲。〔莫奔切〕

【注釋】

樠樹，木材像松木，如「山多松樠」。

檜 檜 guì　　柏葉松身。从木，會聲。〔古外切〕

【注釋】

檜樹，柏樹的葉子，松樹的枝榦。另音 huì，如秦檜。常綠喬木，木材桃紅色，有香氣，可作建築材料，亦稱「刺柏」。

樅 樅 cōng　　松葉柏身。从木，從聲。〔七恭切〕

【注釋】

樅樹，松樹的葉子，柏樹的枝榦。常綠喬木，莖高大，樹皮灰色，小枝紅褐色，木材供製器具，又可作建築材料，亦稱「冷杉」。今北京故宮御花園內仍有此樹，吾遊玩時曾親睹。清人有陳喬樅。

柏 柏 bǎi　　　鞠也。从木，白聲。〔博陌切〕

【注釋】

椈樹，柏的別稱。

段注：「《釋木》：柏，椈。《雜記》：暢臼以椈。鄭曰：椈，柏也。按椈者鞠之俗，柏古多假借為伯仲之伯，促迫之迫。經典相承亦作栢。」

机 机 jī　　　木也。从木，几聲。〔居履切〕

【注釋】

榿木，落葉喬木。古机、機為不同二字。《說文》：「機，主發謂之機。」機之本義為弓弩上的發射機關。二字在俗字系統中常混用，今歸併為一。

枮 枮 xiān　　　木也。从木，占聲。〔息廉切〕

橯 橯 lòng　　　木也。从木，弄聲。益州有橯棟縣。〔盧貢切〕

楰 楰 yú　　　鼠梓木。从木，臾聲。《詩》曰：北山有楰。〔羊朱切〕

【注釋】

一種楸樹，葉子大。《詩經》：「南山有枸，北山有楰。」

桅 桅 guǐ　　　黃木，可染者。从木，危聲。〔過委切〕

【注釋】

段注認為該字當作梔，並改反切為章移切，可從。《說文》原無梔字，徐鉉新附有之。

段注：「桅，今之梔子樹，實可染黃，相如賦謂之鮮之，《史記》假厄為之。」

杒 杒 rèn　　　桎杒也。从木，刃聲。〔而震切〕

樼 樼 tà　　　榙樼，木也。从木，㣇聲。〔徒合切〕

榙 榙 tā　　　榙樼，果似李。从木，荅聲。讀若嗒。〔土合切〕

某 𣏌 mǒu（楳）　　酸果也。从木，从甘。闕。〔莫厚切〕𣏥 古文某，从口。

【注釋】

即今酸梅、梅花之本字也，見前「梅」字注。徐灝《說文解字注箋》：「某即今酸果梅字，因假借誰某，而為借義所專，借梅為之。」重文今作楳，音 méi，今作為梅之異體字，常作人名用字。

段注：「此是今梅子正字，說見梅下。此闕謂義訓酸，而形从甘不得其解也。玉裁謂：甘者，酸之母也，凡食甘多易作酸味，水土合而生木之驗也。」

櫾 櫾 yóu　　崐崘河隅之長木也。从木，繇聲。〔以周切〕

樹 樹 shù（树）　　生植之總名。从木，尌聲。〔常句切〕𣗳 籀文。

【注釋】

植，立也。生物中直立的東西之總稱。

引申出量詞義，相當於棵、株，如「玄都觀裏桃千樹」。古有大名冠小名之制，如「樹桃」「樹李」「樹杞」之類。動詞有種植義，引申有培養義，如「樹人」，「十年樹木，百年樹人」。周氏三兄弟，樹人、作人、建人，其義一也。

段注：「植，立也。假借為尌豎字。」

本 𣎳 běn　　木下為本。从木，一在其下。〔徐鍇曰：一也，記其處。本、末、朱皆同義。〕〔布忖切〕𣎵 古文。

【注釋】

本義是樹根。朱駿聲：「直根為氐，旁根為根，通曰本。」引申有根據、依據義，今有「有所本」「本乎此」。引申有中心的、主要的，如「本部」，對應為「分部」。又引申出量詞義，相當於株、棵、叢等，如「率七八支為一本」。本、末、朱，於六書皆指事字也。

鵬按：柢，氏也，故直根為柢。根，艮也。艮者，難也。旁根歧出，故長之難也，故旁根為根。

柢 柢 dǐ　　木根也。从木，氏聲。〔都禮切〕

【注釋】

段注：「柢也者，木之所以建生也。蔓根者，木之所以持生也。直者曰直根，橫者曰蔓根。柢或借氐字為之，《節南山》傳曰：氐，本也。」

朱 朱 zhū　　赤心木，松柏屬。从木，一在其中。〔章俱切〕

【注釋】

本義是紅心木，故引申出紅色義。

古有殷、絳、朱、赤、丹、紅，顏色依次變淺。殷者，黑紅色，血液凝固之色也。絳者，深紅也。赤者，如日之紅也，今有「赤日炎炎」。紅者，粉紅也。

郭沫若《兩周金文辭大系考釋》：「朱乃株之初文，與本末同意，金文以木中作圓點以示其處，乃指事一佳例，一橫者，乃圓點之變。」

段注：「朱本木名，引申假借為純赤之字。《糸部》曰：絑，純赤也。是其本字也。赤心不可像，故以一識之。若本、末非不可像者，於此知今本之非也。」

根 根 gēn　　木株也。从木，艮聲。〔古痕切〕

【注釋】

見「本」字注。

株 株 zhū　　木根也。从木，朱聲。〔陟輸切〕

【注釋】

即今之木樁。徐鍇《說文解字繫傳》：「入土為根，在上曰株。」故有「守株待兔」，株在土上明矣。段注：「株今俗語云樁。」

末 末 mò　　木上曰末。从木，一在其上。〔莫撥切〕

【注釋】

本義是樹梢。引申為末尾，今有「本末倒置」。標之本義亦為樹梢，故標亦有外表義，故今有「治標不治本」。

段注：「《六書故》曰：末，木之窮也。因之為末殺、末減、略末。又與蔑、莫、無聲義皆通。《記》曰：末之卜也。《語》曰：吾末如之何，末由也已。」

櫻 檖 jì　　細理木也。从木，畟聲。〔子力切〕

【注釋】

段注：「櫻似松，有刺，細理。」

果 𤯓 guǒ　　木實也。从木，象果形，在木之上。〔古火切〕

【注釋】

此依附象形字，與瓜構意同。

本義是果實，引申為充實、飽義，今有「食不果腹」。引申為堅決義，今有「果斷」，「言必信，行必果」。引申為究竟義，如「果何道而往」。段注：「引申假借為誠實勇敢之偁。」

樏 檑 léi　　木實也。从木，絫聲。〔力追切〕

【注釋】

段注：「絫者今之累積字。从絫，言其多也。」

杈 杈 chā　　枝也。从木，叉聲。〔初牙切〕

【注釋】

段注：「《方言》云：江東言樹枝為椏杈也。枝如手指相錯之形，故从叉。」

枝 枝 zhī　　木別生條也。从木，支聲。〔章移切〕

【注釋】

段注：「《艸部》曰：莖，枝主也。榦與莖為艸木之主，而別生條謂之枝，枝必岐出也，故古枝、岐通用。」

朴 朴 pò　　木皮也。从木，卜聲。〔匹角切〕

【注釋】

樸、朴古為二字，朴之本義為樹皮，又指一種樹木，榆科，落葉喬木，高五六丈，皮厚。王褒《洞簫賦》：「秋蜩不食抱朴而長吟兮。」《說文》：「樸，木素也。」本義是沒有加工的木料。姓氏字絕不作樸，後簡化歸併為一。

段注：「《蒼頡篇》：朴，木皮也。顏注《急就篇》《上林賦》『厚朴』曰：朴，木皮也。此樹以皮厚得名。按《廣雅》云：重皮，厚朴也。」

條 䅘 tiáo（条）　　小枝也。从木，攸聲。〔徒遼切〕

【注釋】

条乃條之省旁簡化字。本義是枝條，《詩經》：「伐其條枚。」引申為長條狀、長的，《尚書》：「厥木惟條。」條，長也。引申出分條陳列，今有「條陳」。引申出通達義，如「芬芳條暢」。

段注：「毛傳曰：枝曰條。渾言之也。條為枝之小者，析言之也。」

枚 枚 méi　　榦也，可為杖。从木，从攴。《詩》曰：施于條枚。〔莫杯切〕

【注釋】

榦，今簡化作干，見前「幹」字注。枚的本義是枝榦，《詩·周南·汝墳》：「遵彼汝墳，伐其條枚。」引申為小木棍，段注：「引申為銜枚之枚，為枚數之枚。」引申為量詞，枚作量詞比今之範圍要寬，如「鳥一枚」「鵝蛋一枚」。

栞 栞 kān（栞）　　槎識也。从木，从伏。闕。《夏書》曰：隨山栞木。讀若刊。〔苦寒切〕栞 篆文，从幵。

【注釋】

今通行重文栞。今《尚書》作「隨山刊木」，本字當作「栞」，謂砍削樹木作為標識也。「讀若刊」，破假借也。

欇 欇 zhé　　木葉搖白也。从木，聶聲。〔之涉切〕

【注釋】

段注：「凡木葉面青背白，為風所攝則獵獵然背白盡露，故曰搖白。楓厚葉弱枝善搖，一名欇欇。」

棯 棯 rěn　　弱貌。从木，任聲。〔如甚切〕

【注釋】

此「色厲內荏」之本字也。

段注：「《論語》：色厲而內荏。孔曰：荏，柔也。按此荏皆當作栠，桂荏謂蘇也。經典多假荏而栠廢矣。《說文》：「荏，桂荏，蘇。」本義是草名，非本字明矣。今「荏苒」，柔也。荏、栠同源詞也。

枖 枖 yāo　　木少盛貌。从木，夭聲。《詩》曰：桃之枖枖。〔於喬切〕

【注釋】

今「桃之夭夭」之本字也。夭夭者，繁盛貌。《說文》：「夭，屈也。」非本字明矣。

段注：「《周南》：桃之夭夭。毛曰：桃，有華之盛者。夭夭，其少壯也。《邶風》：棘心夭夭。毛曰：夭夭，盛皃。」

槙 槙 diān　　木頂也。从木，真聲。一曰：仆木也。〔都年切〕

【注釋】

木頂謂之槙，頭頂謂之巔，同源詞也。

段注：「人頂曰顛，木頂曰槙，今顛行而槙廢矣。人仆曰顛，木仆曰槙，顛行而槙廢矣。頂在上而仆於地，故仍謂之顛、槙也。」

梃 梃 tǐng　　一枚也。从木，廷聲。〔徒頂切〕

【注釋】

一枚即一梃。梃即木棒也。朱駿聲《說文通訓定聲》：「竹曰竿，草曰莛，木曰梃。」從廷之字多有小義，如艇。亦有直義，如挺、莛、侹（長貌）、脡（脩脯）。「亭亭玉立」者，亦直義也。

段注：「凡條直者曰梃，梃之言挺也。《方言》曰：個，枚也。鄭注《禮經》云：個，猶枚也。今俗或名枚曰個，音相近。按枚，榦也。一莖謂之一枚，因而凡物皆以枚數。」

槮 槮 shēn　　眾盛也。从木，曑聲。《逸周書》曰：槮疑沮事。闕。〔所臻切〕

標 樏 biāo（标）　　木杪末也。从木，票聲。〔敷沼切〕

【注釋】

标乃標之减旁俗字。本義是樹梢，引申為表層、外表，今有「治標不治本」。杪、末本義都是樹梢。引申為末端，今有「標末」；引申為標記、標杆義，今有「標誌」；引申為表明，今有「標新立異」；引申為準則，今有「標準」；「標的」謂目標也。

段注：「杪末，謂末之細者也。古謂木末曰木標，標在最上，故引申之義曰標舉。」

杪 樏 miǎo　　木標末也。从木，少聲。〔亡沼切〕

【注釋】

本義是樹梢。引申為季節的末尾，今有「歲杪」「月杪」「杪秋」；引申為細小，常「杪小」「杪杪」連用。從少之字多有小義，秒為禾苗之末端。眇者，一目小也。見前「眇」字注。

段注：「《方言》曰：杪，小也。木細枝謂之杪。按引申之凡末皆曰杪。」

朵 枭 duǒ　　樹木垂朵朵也。从木，象形。此與采同意。〔丁果切〕

【注釋】

朵朵，下垂貌也。凡枝葉花實下垂者皆曰朵朵，今但謂一花為一朵。采，穗之異體。

段注：「引申為《易》之朵頤。李鼎祚曰：朵，頤垂下動之皃也。」朵，動也。頤，下巴。「朵頤」指動著腮頰，嚼食的樣子。「大快朵頤」指飽食愉快的樣子。

根 樏 láng　　高木也。从木，良聲。〔魯當切〕

【注釋】

從良之字多有高義。《爾雅》：「元、良，首也。」首者，至高之處也。閬謂門高也；朗者，高明也；浪者，高水也；狼，長脊獸也；梁者，高木也。

段注：「此泛言高木謂之根，非謂桃根及檳榔也。《門部》閬訓門高，義相近。」

櫏 樏 jiǎn　　大木貌。从木，閒聲。〔古限切〕

【注釋】

從閒（閑）之字多有大義，嫻者，雅也，不緊促之貌也。

枵 枵 xiāo　　木根也。从木，号聲。《春秋傳》曰：歲在玄枵。玄枵，虛也。〔許嬌切〕

【注釋】

常用義是空虛，虛、枵一聲之轉。今有「枵腹從公」，指餓著肚子辦公家的事，形容一心為公。《左傳》：「歲在星紀，而淫於玄枵。玄枵，虛中也。」

栚 栚 zhāo　　樹搖貌。从木，召聲。〔止搖切〕

【注釋】

手招曰招，樹招曰栚，同源詞也。

榣 榣 yáo　　樹動也。从木，䍃聲。〔余昭切〕

【注釋】

段注：「榣之言搖也。今俗語謂煽惑人為招搖，當用此从木二字，謂能招致而搖動之也。」

樛 樛 jiū　　下句曰樛。从木，翏聲。〔吉虯切〕

【注釋】

樹枝向下彎曲，《詩經·周南》有「樛木」篇。從翏之字多有彎曲纏繞義，如綢繆（纏繞也）、謬（歪曲事實也）。

朻 朻 jiū　　高木也。从木，丩聲。〔吉虯切〕

【注釋】

段注改作「高木下曲也」。從丩之字多有彎曲、纏繞義，蓋木高多彎曲也，如糾（纏也）、句、觓（角彎曲貌）、虯（龍子有角者）等。

枉 枉 wǎng　　邪曲也。从木，㞷聲。〔迂往切〕

【注釋】

本義是彎曲。今有「矯枉過正」。引申為冤枉義，引申為屈尊、屈就義，曹操詩：「越陌度阡，枉用相存。」又引申徒勞義，今有「枉然」。段注：「本謂木衺曲，因以為凡衺曲之偁。」

橈 橈 náo　　曲木。从木，堯聲。〔女教切〕

【注釋】

動作彎曲謂之撓，木曲謂之橈，線曲謂之繞，腹中蟲彎曲者謂之蟯，同源詞也。段注：「引申為凡曲之偁。古本無从手撓字，後人臆造之以別於橈，非也。」

扶 扶 fú　　扶疏，四布也。从木，夫聲。〔防無切〕

【注釋】

今「扶疏」之本字也，枝葉分散貌。陶淵明《讀山海經》：「孟夏草木長，繞屋樹扶疏。」段注：「扶疏謂大木枝柯四布。」

檹 檹 yī　　木檹施。从木，施聲。賈侍中說，檹即椅木，可作琴。〔於離切〕

【注釋】

今旖旎也，音轉為婀娜，姿態柔動貌。

朴 朴 xiǎo　　相高也。从木，小聲。〔私兆切〕

榾 榾 hū　　高貌。从木，曶聲。〔呼骨切〕

槮 槮 shēn　　木長貌。从木，參聲。《詩》曰：槮差荇菜。〔所今切〕

【注釋】

從參之字、之音多有長義。

梴 梴 chān　　長木也。从木，延聲。《詩》曰：松桷有梴。〔丑連切〕

【注釋】

延者，長也。從延之字多有長義，如筵（大席子）、誕（大言也）、挺（長也）、埏（八方之地也）。

橚 橚 xiāo　　長木貌。从木，肅聲。〔山巧切〕

杕 杕 dì　　樹貌。从木，大聲。《詩》曰：有杕之杜。〔特計切〕

【注釋】

指樹木孤立的樣子。從大，聲兼義，大則易孤。

段注：「樹皃，樹當作特，字之誤也。引申為舟舵，高注《淮南》曰：杕，舟尾也。柂、舵皆俗字。」

槖 槖 tuò　　木葉陊也。从木，毚聲。讀若薄。〔他各切〕

格 格 gé　　木長貌。从木，各聲。〔古百切〕

【注釋】

本義是樹木的長木條。庾信《小園賦》：「草樹混淆，枝格相交。」今常用阻止義，如「格格不入」；有打鬥義，如「格鬥」；有研究義，如「格物致知」；有來義，如「來格來饗」。

槸 槸 yì　　木相摩也。从木，埶聲。〔魚祭切〕 樲 槸，或从艸。

枯 枯 kū　　槁也。从木，古聲。《夏書》曰：唯箘輅枯。木名也。〔苦孤切〕

槁 槁 gǎo　　木枯也。从木，高聲。〔苦浩切〕

【注釋】

段注：「枯槁、禾槀字古皆高在上，今字高在右，非也。凡潤其枯槁曰槀，如慰其勞苦曰勞，以膏潤物曰膏。」

樸 樸 pǔ（朴）　　木素也。从木，業聲。〔匹角切〕

【注釋】

見「朴」字注。

段注：「引申為凡物之儉。如《石部》云：磺，銅鐵樸。作璞者，俗字也，又引申為不奢之儉，凡云『儉樸』是也。」

楨 楨 zhēn　　剛木也。从木，貞聲。上郡有楨林縣。〔陟盈切〕

【注釋】

貞者，直也、堅也、正也。今有「堅貞」。從貞聲，兼義。見下「栽」字注。

段注：「此謂木之剛者曰楨，非木名也。《吳都賦》之楨，《廣韻》之女楨，則為木名。」

柔 柔 róu　　木曲直也。从木，矛聲。〔耳由切〕

【注釋】

本義是樹木可曲可直。

段注：「凡木曲者可直，直者可曲曰柔。柔之引申為凡奘弱之偁，凡撫安之偁。」

從柔之字多有柔軟義，如揉（揉搓）、糅（雜也）、蹂（踐踏）、鞣（車圈）、煣（用火烘木使之彎曲）。《荀子》：「木直中繩，鞣以為輪，其曲中規。」

柝 柝 tuò　　判也。从木，㡿聲。《易》曰：重門擊柝。〔他各切〕

【注釋】

此拆之本字也。斥乃㡿之隸變俗字。常用義是古代打更用的梆子，《木蘭詩》：「朔氣傳金柝。」「柝擊」謂擊柝巡夜。

段注：「土裂曰坼（圻），木判曰柝（柝）。今人从手作拆，甚無謂也。自專以柝為擊柝字，而柝之本義廢矣。」

杒 杒 lè　　木之理也。从木，力聲。平原有杒縣。〔盧則切〕

【注釋】

力，筋也。從力之字多有條理義，如阞（地之脈理也）等。段注：「阞下曰：地理。杒下曰：木理。泐下云：水理。皆从力，力者，筋也。人身之理也。」

材 𣐀 cái   木梃也。从木，才聲。〔昨哉切〕

【注釋】

本義是木材、樹榦。

柴 𣗙 chái   小木散材。从木，此聲。〔臣鉉等曰：師行野次，豎散木為區落，名曰柴籬。後人語訛，轉入去聲。又別作寨字，非是。〕〔士佳切〕

【注釋】

小的木頭，不中用的木材。動詞有堵塞義，《三國志》：「分遣三百人柴斷險路。」柴又是寨之古字。王維有《鹿柴》詩，鹿柴者，鹿寨也。從此之字多有小義，見前「些」字注。

段注：「大者可析謂之薪，小者合束謂之柴。薪施炊爨，柴以給燎。」

榑 𣙝 fú   榑桑，神木，日所出也。从木，專聲。〔防無切〕

【注釋】

同「扶桑」，傳說中的神木，即叒（若）木也，日初出東方暘谷所登也。「扶桑國」謂日本，東方之國也。

段注：「《海外東經》：湯谷上有扶桑，十日所浴。《大荒東經》：湯谷上有扶木，一日方至，一日方出，皆載於烏。按今《天文訓》作暘谷。《離騷》：總余轡乎扶桑，折若木以拂日。二語相聯，蓋若木即謂扶桑。」

杲 𣏓 gǎo   明也。从日在木上。〔古老切〕

【注釋】

日在木上為杲，在木下為杳，在木中為東。本義是明亮貌，《詩經》：「其雨其雨，杲杲出日。」

杳 𣅳 yǎo   冥也。从日在木下。〔烏皎切〕

【注釋】

本義是昏暗，如「岩穴杳冥」。又深遠無盡頭貌，如「杳無音訊」「鴻雁不來，音訊杳杳」，「杳如黃鶴」謂全無蹤影。

段注：「冥，窈也。莫為日且冥，杳則全冥矣。由莫而行地下，而至於榑桑之下也。引申為凡不見之稱。」

㭘 xì　　角械也。从木，卻聲。一曰：木下白也。〔其逆切〕

栽 zài　　築牆長版也。从木，𢦏聲。《春秋傳》曰：楚圍蔡，里而栽。〔昨代切〕

【注釋】

栽本義是築牆時兩邊的長板。古版築施工，須先立擋土板，栽是兩側擋土的長版，因為牆長，宜用長版；除了兩側的栽以外，還有在兩端擋土的牏，《說文》：「牏，築牆短版也。」為了防止擋土板移動，須在板外立樁，即楨、榦，並繞過樁用繩將板縛牢，此繩名縮。《尚書・費誓》：「峙乃楨榦。」孔傳：「題曰楨，旁曰榦。」「楨榦」比喻骨幹、人才，如「國之楨榦」。

《詩經・綿》所記述的版築工藝過程如下：牆基放線（其繩則直）、樹楨榦以約夾板（縮版以栽）、用筐籃傳送黃土（捄之仍仍）、向夾版內填土（度之薨薨）、用夯杵搗實（築之登登）、拆模後進行壁面整修加工（削屢馮馮），這和清代版築工藝完全相同。參《古代漢語文化百科詞典》。

段注：「古築牆先引繩，營其廣輪方制之正。《詩》曰：俾立室家，其繩則直。繩直則豎楨、榦。題曰楨，植於兩頭之長杙（木樁）也。旁曰榦，植於兩邊之長杙也。植之謂之栽，栽之言立也。而後橫施版於兩邊榦內，以繩束榦，實土，用築築之。一版竣，則層絫而上。」

築 zhù（筑）　　搗也。从木，筑聲。〔陟玉切〕 古文。

【注釋】

搗土築牆也。常「版築」連用，築謂搗土的杵。又泛指搗，如「以刀築其口」。古筑、築二字有別，筑為樂器，高漸離所擊打者也；築為動作，今簡化字歸併為一。見「筑」字注。

段注：「其器名築，因之人用之亦曰築。《手部》曰：搗，築也。築者，直舂之器。」

鵬按：搗、築乃一語之轉也，今河南仍把鑄讀作 dào，如 dào 鍋、dào 勺子。

幹 韓 gàn（幹、干）　　築牆耑木也。从木，倝聲。〔古案切〕〔臣鉉等曰：今別作幹，非是。矢、幹亦同。〕

【注釋】

槙者，築牆之端木。幹者，築牆之邊木也。許說與經典有別。見上「栽」字注。今簡化作干，見前「干」字注。

檥 檥 yǐ　　幹也。从木，義聲。〔魚羈切〕

【注釋】

段注：「《釋詁》曰：槙、翰、儀，幹也。許所據《爾雅》作檥也，人儀表曰幹，木所立表亦為幹，其義一也。」

構 構 gòu　　蓋也。从木，冓聲。杜林以為椽桷字。〔古后切〕

【注釋】

构乃構之另造俗字。本義是蓋房子。《韓非子》：「構木為巢。」引申出構成、構造義，引申出構成的事物，如房子、作品等，「佳構」「傑構」謂好的作品。引申出交接義，今有「構兵」，謂打仗也。引申為羅織罪名、陷害，《史記》：「上官大夫構屈原於楚王。」從冓之字多有交合義，見前「冓」字注。

模 模 mú　　法也。从木，莫聲。讀若嫫母之嫫。〔莫胡切〕

【注釋】

段注：「以木曰模，以金曰鎔，以土曰型，以竹曰笵，皆法也。《漢書》亦作橅。」

桴 桴 fú　　棟名。从木，孚聲。〔附柔切〕

【注釋】

即二梁，也叫二棟，也即楣。鄭注《鄉射禮》記曰：「五架之屋，正中曰棟，次曰楣，前曰庪。」桴的常用義是小筏子，《論語》：「道不行，乘桴浮於海。」鼓槌義亦常用，如「援桴而鼓」。

棟 棟 dòng　　極也。从木，東聲。〔多貢切〕

【注釋】

即脊檁，房屋最頂端的橫樑。梁為南北走向，棟為東西走向。今「棟樑」連稱。东乃東之草書楷化字形，栋亦同。《周易·繫辭下》：「上棟下宇，以待風雨。」《儀禮》鄭玄注：「是制五架之屋也，正中曰棟，次曰楣，前曰庪。」《字林》注：「凡五架屋，正中曰棟，亦曰阿；次曰桴（桴），亦曰梁。」

段注：「極者，謂屋至高之處。《繫辭》曰：上棟下宇。五架之屋，正中曰棟。《釋名》曰：棟，中也。居屋之中。」

極 𣠽 jí（极）　　棟也。从木，亟聲。〔渠力切〕

【注釋】

極、棟互訓，極乃先秦、秦漢方言。本義是最高處的脊檁，故引申很、甚義。引申出標準義，如「建極防邪」。

极、極古二字有別。《說文》：「极，驢上負也。」本義是驢背上的負板。段注：「《廣韻》云：驢上負版。蓋若今駄鞍。」极、笈蓋同源詞也。今簡化字歸併為一。

段注：「三輔名梁為極，按此正名棟為極耳。今俗語皆呼棟為梁也。引申之義凡至高至遠皆謂之極。」

柱 𣓎 zhù　　楹也。从木，主聲。〔直主切〕

【注釋】

段注：「柱之言主也，屋之主也。按柱引申為支柱、柱塞，不計縱橫也。凡經注皆用柱，俗乃別造从手拄字。」

楹 𣚦 yíng　　柱也。从木，盈聲。《春秋傳》曰：丹桓宮楹。〔以成切〕

【注釋】

古之房屋南面無牆，只有楹柱二根，古對聯亦貼此處，故謂之「楹聯」。引申為房屋的一間為一楹。兩楹之間是房屋正中所在，為舉行重大儀式和重要活動的地方。

《禮記·檀弓上》：「夏后氏殯於東階之上，則猶在阼（東階）也；殷人殯於兩楹之間，則與賓主夾之也；周人殯於西階之上，則猶賓之也。而丘也，殷人也。予疇昔之夜，夢坐奠於兩楹之間，予殆將死也。」因以「兩楹」表示人之將終，亦以「兩楹」借指停放棺柩、舉行祭奠之所。「兩楹夢」謂預兆人即將亡故的夢。

段注：「《釋名》曰：橦，亭也。亭亭然孤立，旁無所依也。」

橕 櫺 chēng（撐、撑）　　邪柱也。从木，堂聲。〔臣鉉等曰：今俗別作撑，非是。〕〔丑庚切〕

【注釋】

今撐之古字也。又音 táng，明弘治帝名朱佑樘。段注：「樘字或作掌，或作撐，皆俗字耳。」

榰 櫨 zhī　　柱砥，古用木，今以石。从木，耆聲。《易》：榰恒凶。〔章移切〕

【注釋】

本義是柱子下的底座。引申支撐義，如「榰持」，支撐也。段注：「古用木，今以石，蘇俗謂之柱礩石，今之礎子也。」

楶 櫼 jié　　欂櫨也。从木，咨聲。〔子結切〕

【注釋】

支承大樑的方木，即斗拱。

欂 欂 bì　　壁柱。从木，薄省聲。〔弼戟切〕

櫨 櫨 lú　　柱上柎也。从木，盧聲。伊尹曰：果之美者，箕山之東，青鳧之所，有櫨橘焉，夏孰也。一曰：宅櫨木，出弘農山也。〔落胡切〕

【注釋】

欂櫨，也作「薄櫨」，又稱斗拱，是一種墊在立柱頂上，用以承接橫樑的建築結構。《進學解》：「夫大木為杗，細木為桷，欂櫨、侏儒、椳、闑、扂、楔，各得其宜。」

栭 栭 jī　　屋櫨也。从木，幵聲。〔古兮切〕

【注釋】

柱子上的支承大樑的方木，即斗拱。

栵 𣖦 liè　　栭也。从木，列聲。《詩》曰：其灌其栵。〔良薛切〕

栭 㭭 ér　　屋枅上標。从木，而聲。《爾雅》曰：栭謂之楶。〔如之切〕

【注釋】

柱頂上支承樑的方木，即斗拱。

檼 檼 yìn　　棼也。从木，㥯聲。〔於靳切〕

【注釋】

泛指屋棟、脊檁。「檼栝」謂矯正竹木彎曲或使成形的器具。

橑 橑 lǎo　　椽也。从木，尞聲。〔盧浩切〕

【注釋】

本義是屋椽子。又指車蓋弓，《大戴禮記》：「古之為路車也，蓋圓以象天，二十八橑以象列星。」

桷 桷 jué　　榱也，椽方曰桷。从木，角聲。《春秋傳》曰：刻桓宮之桷。〔古岳切〕

【注釋】

段注：「桷之言棱角也。椽方曰桷，則知桷圜曰椽矣。」

椽 椽 chuán　　榱也。从木，彖聲。〔直專切〕

【注釋】

圓形的椽子叫椽，方形的叫桷。段注：「《釋名》曰：椽，傳也。相傳次而布列也。」

榱 榱 cuī　　秦名為屋椽，周謂之榱，齊魯謂之桷。从木，衰聲。〔所追切〕

【注釋】

段注據《韻會》補「椽也」二字，可從。椽子的別名。段注：「榱之言差次也，自高而下，層次排列如有等衰也。」

楣 楣 méi　　秦名屋檐聯也。齊謂之檐，楚謂之梠。从木，眉聲。〔武悲切〕

【注釋】

楣作為房子的構件，凡有三義：一、屋檐口椽端的橫板，此乃本義；二、門框上的橫木，今有「光耀門楣」；三、房屋的橫樑，即二梁（二棟），也即桴。

從眉之字多有交臨、挨著義，毛之臨目者謂之眉；水草相交處謂之湄；屋檐口椽端的橫板，與房子相接者，謂之楣。

梠 梠 lǚ　　楣也。从木，呂聲。〔力舉切〕

【注釋】

屋檐板也，即屋檐口椽子頭上的橫板。段注：「《釋名》曰：梠，旅也。連旅之也。」

梎 梎 pí　　梠也。从木，毘聲。讀若枇杷之枇。〔房脂切〕

【注釋】

屋檐板也。

檽 檽 mián　　屋檐聯也。从木，邊省聲。〔武延切〕

檐 檐 yán（簷）　　檽也。从木，詹聲。〔臣鉉等曰：今俗作簷，非是。〕〔余廉切〕

【注釋】

今簡化漢字又採用檐。房頂伸出牆壁的部分。段注：「檐之言陳也，在屋邊也，俗作簷。按古書多用檐為儋何之儋。」

樨 樨 tán　　屋梠前也。从木，覃聲。一曰：蠶槌。〔徒含切〕

【注釋】

屋檐也。段注：「梠與霤之間曰樨。」

楠 樀 dí　　戶樀也。从木，啻聲。《爾雅》曰：簷謂之樀。讀若滴。〔都歷切〕

【注釋】

啻作偏旁隸變作商。

植 植 zhí　　戶植也。从木，直聲。〔常職切〕櫃或从置。

【注釋】

本義是門關閉時用以落鎖的中立直木。植者，直也，引申為凡樹立之稱。王充《論衡》：「有一木杖植其門側。」今有「植物」，謂豎立之物也。《論語》：「植其杖而芸。」《歸去來兮辭》：「或植杖而芸籽。」又古代軍隊中督辦工事的將官為植，《左傳》：「華元為植，巡功。」

段注：「植之引申為凡植物、植立之植。漢石經《論語》：置其杖而耘。《商頌》：置我鞉鼓。皆以置為植。」

樞 樞 shū　　戶樞也。从木，區聲。〔昌朱切〕

【注釋】

轉軸也。俗有「流水不腐，戶樞不蠹」。引申為事物的關鍵部分，今有「樞紐」「樞要」「中樞」。

槏 槏 qiǎn　　戶也。从木，兼聲。〔苦減切〕

樓 樓 lóu　　重屋也。从木，婁聲。〔洛侯切〕

【注釋】

段注：「重屋與複屋不同，複屋不可居，重屋可居。《考工記》之重屋，謂複屋也。」段注所言甚是。

古有「重屋」「複屋」之別。「複屋」指棟上加棟，不可以住人。「重屋」即今之樓，可住人。戰國晚期已經出現了今之樓房，《荀子》：「志愛公利，重樓疏堂。」《周禮·考工記》：「殷人重屋。」周代尚無樓房，此「重屋」者，實即「複屋」也。樓、閣相似，閣是架空的樓，不能住人，也是「複屋」。「樓閣」常連用。見後「榭」

字注。

「複屋」是商代天子用以宣明政教的大廳堂。《周禮‧考工記‧匠人》:「殷人重屋,堂修七尋,堂崇三尺,四阿重屋。」鄭玄注:「重屋者,王宮正堂,若大寢也。」戴震《考工記圖補注》:「世室、重屋,制皆如明堂……姚姬傳曰:重屋,複屋也。別設棟以列椽,其棟謂之棼,椽棟既重,軒版垂簷皆重矣。」

孫詒讓正義:「古有重屋,有複屋。複屋者,於棟之上復為一棟以列椽,亦稱重櫋。殷人重屋者,亦殷之明堂也。」張衡《東京賦》:「複廟重屋,八達九房。」薛綜注:「重屋,重棟也。謂明堂廟屋,前後異制。」《宋史‧禮志四》:「三代之制不相襲,夏曰世室,商曰重屋,周曰明堂,則知皆室也。」

從婁之字多有空、透、明亮義,今有「婁空」。樓者,《釋名》:「樓謂牖戶之間諸射孔婁婁然也。」樓得名於其門窗之孔透明也。蔞蒿者,空心草也。簍,竹籠也。骷髏,空架子也。

龗 𤳳 lóng　　房室之疏也。从木,龍聲。〔盧紅切〕

【注釋】

段注:「房室之窗牖曰龗,謂刻畫玲瓏也。」

楯 𣐈 shǔn　　闌楯也。从木,盾聲。〔食允切〕

【注釋】

本義是欄杆。又通「盾」,盾牌也。

段注:「此云闌檻者,謂凡遮闌之檻,今之闌干是也。縱曰檻,橫曰楯。古亦用為盾字。」

櫺 𣜿 líng（欞）　　楯閒子也。从木,霝聲。〔郎丁切〕

【注釋】

俗作欞,今簡化字作棂。今有「窗櫺」,即窗格子也。

段注:「闌楯為方格,又於其橫直交處為圓子,如綺文瓏玲,故曰櫺。《文選》注作窗閒子。」

宋 𡩣 máng　　棟也。从木,亡聲。《爾雅》曰:宋廇謂之梁。〔武方切〕

【注釋】

大樑也。韓愈《進學解》：「夫大木為宋，細木為枒。」從亡之字、之音多有大義。邙山者，大山也；茫、漭，水大也；莽，草多也；蟒，大蛇也；牤，大牛也；汒者，從川亡聲，水廣也。從宋之字亦多有大義，謊言者，大而虛之言也。荒者，草大也。

段注：「棟與梁不同物，棟言東西者，梁言南北者。今宮室皆如此，不得謂梁為棟也。」宋是大樑，許以棟釋宋者，混言不別也。

棟 㮰 sù　　短椽也。从木，束聲。〔丑錄切〕

【注釋】

從束之字多有短小、收斂義。

朽 杅 wū　　所以涂也。秦謂之朽，關東謂之槾。从木，于聲。〔哀都切〕

【注釋】

即今之泥抹，粉牆亦謂之朽。孔子罵宰我「朽木不可雕也，糞土之牆不可朽也」。段注：「按此器今江浙以鐵為之，或以木。」

槾 槾 màn　　朽也。从木，曼聲。〔母官切〕

【注釋】

即今之泥抹。從曼之字多有覆蓋義，如漫（水覆蓋）、蔓（草覆蓋）、饅（最初有餡）、幔（布覆蓋）、謾（言語覆蓋）等。

段注：「《釋宮》曰：鏝謂之朽。《釋文》云：鏝本或作槾，按《孟子》作墁。」

椳 椳 wēi　　門樞謂之椳。从木，畏聲。〔烏恢切〕

【注釋】

即門臼，承托門轉軸的臼狀物。門樞是門扇的轉軸。

段注：「謂樞所檷謂之椳也。椳猶淵也，宛中為樞所居也。」

楣 楣 mào　　門樞之橫梁。从木，冒聲。〔莫報切〕

【注釋】

今「門楣」之本字。

梱 𣏂 kǔn（閫）　　門橛也。从木，困聲。〔苦本切〕

【注釋】

門中直立的短木樁，用來閉門。朱駿聲《說文通訓定聲》：「橫界於門下者謂之閫，亦曰切；直豎於門中者為梱，亦曰闑。」後寫作閫，簡化作阃。本義是門檻，如「送迎不越閫」。古人送客、迎客，一般止於門檻以內，只有關係甚密者，才越過門檻。

特指城郭的門檻，《史記·馮唐傳》：「閫以內者寡人制之，閫以外者將軍制之。」「閫外」謂朝廷以外也。代指統兵在外的將軍，文天祥《指南錄後序》：「即具以北虛實告東西二閫」。「閫職」謂將帥的職任。又指內室，如「閫闈」。借指婦女，「閫德」，婦德也。

古代採用「門橛」「門限」等形式止扉。門橛短而直，豎於門中，又叫「闑」「橛」「梱」；門限臥於門下，又叫「閾」「切」（砌）「柣」。

闑，是立於門中央的落地長木。或作臬，本義是箭靶，因為樹立中央，取準則之義。故樹於門中央起固定門扇作用的木橛也可稱為臬。闑的禮制作用大於實用性。闑將門分為闑右（東）、闑左（西）兩部分。按古禮：主人出入，當從闑右；賓客出入，當從闑左。兩君相見入門時，闑將賓主分開。

橛特指門中所樹以為限隔的短木，梱也是門中所樹短木，二者是一物。闑是落地長木，橛、梱是落地短木。《史記·孫叔敖傳》：「楚俗好庳車，王欲下令使高之，相教閭里使高其梱，居半歲，民悉自高其車。」可證是短木。但「闑」「橛」「梱」渾言則不別。或謂梱為門限，不確，又渾言之渾言者也。

閾是門限，謂門下橫木為內外之限也。在出入大門時，臣子賓客要遵守禮儀，且不可踐踏閾，《論語》：「立不中門，行不履閾。」《禮記》：「賓入不中門，不履閾。」

閣是設置在門扇兩邊的長木樁，作用是在門打開後插在兩旁用來止住門扇。王引之《經義述聞》：「今時城門既開，插木橛於旁以止之，是其遺法也。」閣的用法清代尚存。

棖，門兩旁所樹的木柱，其作用是保護門，防止車過觸門。棖的位置在門中間梱的兩邊（類似後來之左右門框），除了實用性，還有禮儀的標誌作用。《禮記·曲禮》：「為人子者，立不中門。」中門即棖、闑之間，是尊者進門的地方。闑右（東）的棖、

闑間的正中供主人中的尊者出入，闑左的棖、闑中的正中則供賓客中的尊者出入，地位低的人如介、擯挨著闑或棖進門。參《古代漢語文化百科詞典》。

　　榍 𣙙 xiè　　限也。从木，屑聲。〔先結切〕

【注釋】

　　限即門限，即門檻。今「雕欄玉砌」之本字。今河南農村把門檻叫作門 qiàn，乃檻、限、榍、砌之轉語。

　　段注：「《𨸏部》限下云：一曰：門榍也。《門部》云：閾，門榍也。亦一物三名矣。《釋宮》：柣謂之閾。柣，郭千結反，柣即榍字也，漢人多作切。《廣雅》：柣、㘚、橜，切也。切今本亦訛砌。」

　　柤 𣙎 zhā　　木閑。从木，且聲。〔側加切〕

【注釋】

　　木欄。《廣雅》：「柤、橙、柱，距也。」古同「樝」，山楂。唐寫本《木部》殘卷始於柤字。

　　槍 𣚐 qiāng　　距也。从木，倉聲。一曰：槍，欀也。〔七羊切〕

【注釋】

　　距，拒之古字。「距也」者，抵也，逆也。此「搶」之古字也，「搶」當為後起俗字，《說文》無「搶」字。

　　搶有逆義，如「舟子搶風」，謂逆風也。引申有碰撞、觸撞義，《莊子·逍遙遊》：「時則不至，槍榆坊而止。」「槍榆」謂識淺志小，亦指識淺志小的人。司馬遷《報任少卿書》：「見獄吏則頭槍地。」

　　近代漢語以前，「搶」無搶奪義。從倉之字多有違逆義，嗆有逆義，如「嗆了一鼻子水」「說話嗆人」。

　　楗 𣚺 jiàn　　限門也。从木，建聲。〔其獻切〕

【注釋】

　　門閂也，今「關鍵」之本字。《說文》：「鍵，鉉也。一曰：車轄。」本義是舉鼎之木，非本字明矣。

「關鍵」之本義即門閂，同義連文。關，大門閂也，以木橫持門戶者。關亦曰管，橫門閂也。鍵亦曰鑰，豎門閂也。泛稱管、鑰不別，細分橫管、豎鑰，橫關、豎鍵。《方言》：「戶鑰，自關之東，陳楚之間謂之鍵；自關之西，謂之鑰。」《左傳·僖公三十二年》：「鄭人使我掌北門之管。」杜預注：「管，鑰也。」詳見「關」字注。

櫼 jiān　　楔也。从木，韱聲。〔子廉切〕

【注釋】

竹謂之籤，木謂之櫼，同源詞也。

楔 xiē　　櫼也。从木，㓞聲。〔先結切〕

【注釋】

古巴比倫有楔形文字，形似釘頭也。元雜劇四折一楔子，取其參入之義。段注：「今俗語曰楔子。」

柵 zhà　　編樹木也。从木，从冊，冊亦聲。〔楚革切〕

【注釋】

《通俗文》：「木垣曰柵。」

杝 lí（籬）　　落也。从木，也聲。讀若他。〔池爾切〕

【注釋】

今籬笆、籬落之本字也，《說文》無籬字。詩有「籬落疏疏一徑深」。籬落者，籬笆也。段注：「柴垣曰杝，木垣曰柵。」

柝 tuò（柝）　　夜行所擊者。从木，橐聲。《易》曰：重門擊柝。〔他各切〕

【注釋】

晚上打更用的梆子。經典常用柝，橐乃本字也。《說文》：「柝，判也。」非本字明矣。

段注：「土裂曰墲（坼），木判曰橐（柝）。今人从手作拆，甚無謂也。自專以橐為擊橐字，而橐之本義廢矣。」

桓 桓 huán　　亭郵表也。从木，亘聲。〔胡官切〕

【注釋】

表，杆也。古代立於驛站、官署等建築物旁作標誌的木柱，後稱華表，亦古代誹謗木之遺跡也。堯設立誹謗木，立大木於宮門前，供百姓給為政者提意見用。桓表者，亦曰華表，一語之轉也。今北京天安門前兩大柱子即其遺跡。

桓本義是大木，因有大義。「桓治」者，大治也。曹丕字子桓，齊桓公者，桓乃謚號，贊其功業之大也。「桓桓」，威武貌。

段注：「陳宋之俗言桓聲如和，今猶謂之和表。師古曰：即華表也。《孝文紀》：誹謗之木。服虔曰：『堯作之橋樑交午柱。』崔浩以為木貫柱四出名桓。」

握 椺 wò（幄）　　木帳也。从木，屋聲。〔於角切〕

【注釋】

今帷幄之本字也。《說文》無幄字。

橦 橦 chuáng　　帳極也。从木，童聲。〔宅江切〕

【注釋】

小徐本作「帳柱也」，指支撐帷帳的木柱。

杠 杠 gāng　　床前橫木也。从木，工聲。〔古雙切〕

【注釋】

高出床席的橫木，今指一般的橫木，如「霸王杠鼎」，也作「霸王扛鼎」。又指比較小的橋，「石杠」謂石橋也；「杠梁」謂橋樑也。

桯 桯 tīng　　床前几。从木，呈聲。〔他丁切〕

【注釋】

桯凳，謂床前的長凳。又指橫木，「門桯」，門檻也。

椝 椝 jìng　　椝桯也。東方謂之蕩。从木，巠聲。〔古零切〕

牀 chuáng（床）　安身之坐者。从木，爿聲。〔徐鍇曰：《左傳》薳子馮詐病，掘地下冰而床焉。至於恭坐則席也，故从爿，爿則牀之省，象人邪身有所倚箸。至於牆、壯、戕、狀之屬，並當从牀省聲。李陽冰言：木右為片，左為爿，音牆。且《說文》無爿字，其書亦異，故知其妄。〕〔仕莊切〕

【注釋】

今簡化字作床，乃牀之草書楷化字形，參「莊—庄」。古者室內有床，但與今之床不同，比今之床小，主要是供人坐的，大約到南北朝時期，床已是坐臥兩用。

甲骨文作，像豎起之床。古人就寢不臥床，只有病人例外，所以甲骨文「疒」（病）字作，像病人臥於床上之形。爿字與後起的「片」字形近，為避免形混，金文才累增偏旁木字作「牀」。

枕 zhěn　臥所薦首者。从木，冘聲。〔章衽切〕

【注釋】

薦者，墊也。

椷 wēi　椷𥦗，褻器也。从木，威聲。〔於非切〕

【注釋】

褻器者，便盆也。

櫝 dú　匱也。从木，賣聲。一曰：木名。又曰：大梡也。〔徒谷切〕

【注釋】

椟乃草書楷化字形。成語有「買櫝還珠」。

段注：「此與《匚部》匵音義皆同。匱，匣也。《論語》『韞匵而藏諸』，作匵。『龜玉毀於櫝中』，作櫝。」

櫛 zhì　梳比之總名也。从木，節聲。〔阻瑟切〕

【注釋】

比，篦也，細齒梳子。今有「櫛風沐雨」。

段注：「疏者為梳，密者為比。《釋名》曰：梳言其齒疏也。數言比，比於梳，其齒差數也。比言細相比也，按比之尤細者曰箆。」

梳 梳 shū　　理髮也。从木，疏省聲。〔所菹切〕

【注釋】

疏者，通也，聲兼義。段注：「器曰梳，用之理髮因亦曰梳，凡字之體用同稱如此。《漢書》亦作疏。」

枱 枱 gé　　劍枱也。从木，合聲。〔胡甲切〕

槈 槈 nòu（鎒）　　薅器也。从木，辱聲。〔奴豆切〕鎒 或从金。

【注釋】

除草用具，即鉤兒鋤，今通行重文鎒。

段注：「《蓐部》曰：薅，披去田艸也。槈者，所以披去之器也。槈，刃廣六寸，柄長六尺。」

枲 枲 xū　　茬，臿也。从木，入，象形，畐聲。〔舉朱切〕

【注釋】

鐵鍬也，枲、茬一語之轉。見「耒」字注。

茬 茬 huá　　兩刃臿也。从木，丫，象形。宋魏曰茬也。〔互瓜切〕釫 从金，从于。

枱 枱 sì（耜、梩）　　臿也。从木，㠯聲。一曰：徙土輂，齊人語也。〔臣鉉等曰：今俗作耜。〕〔詳里切〕梩 或从里。

【注釋】

後作耜。臿者，鐵鍬也。見「耒」字注。

枱 枱 sì　　耒嵩也。从木，台聲。〔弋之切〕鈶 或从金。𨦡 籀文，从辝。

　　楎 𣓀 hún　　　六叉犁。一曰：犁上曲木，犁轅。从木，軍聲。讀若渾天之渾。〔戶昆切〕

　　櫌 𣚦 yōu（耰）　　摩田器。从木，憂聲。《論語》曰：櫌而不輟。〔於求切〕

【注釋】

　　碎土平田用的農具，常作「耰」。見《三才圖會》，似長柄大榔頭。又指播種後翻土、蓋土。

　　欘 𣚩 zhú　　斫也，齊謂之鎡錤。一曰：斤柄，性自曲者。从木，屬聲。〔陟玉切〕

【注釋】

　　鎡錤者，鋤頭也。《孟子》：「雖有智慧，不如乘勢；雖有鎡錤，不如待時。」

　　櫡 𣛙 zhuò　　斫謂之櫡。从木，箸聲。〔張略切〕

【注釋】

　　大斧、鋤頭之類的工具。又同「箸」，筷子。

　　段注：「凡斫木之斤、斫地之欘皆謂之櫡。郭云：钁也。《金部》曰：钁，大鉏也。」

　　杷 𣏃 pá（耙）　　收麥器。从木，巴聲。〔蒲巴切〕

【注釋】

　　今作耙，《說文》無耙。

　　椵 𣛠 yì　　穜樓也。一曰：燒麥柃椵。从木，役聲。〔與辟切〕

【注釋】

　　一種播種的農具，即耬。段注：「樓者今之耬字。《廣韻》曰：耬，種具也。今北方謂所以耩者曰耬。耩者，種也。」

枔 枔 líng　　木也。从木，令聲。〔郎丁切〕

梻 梻 fú　　擊禾連枷也。从木，弗聲。〔敷勿切〕

枷 枷 jiā　　梻也。从木，加聲。淮南謂之柍。〔古牙切〕

【注釋】

打穀脫粒的農具，又叫連枷，今作為枷索字。由一個長柄和一組平排的竹條或木條構成，用來拍打穀物，使子粒掉下來。也作槤枷，圖見《三才圖會》。

杵 杵 chǔ　　舂杵也。从木，午聲。〔昌與切〕

【注釋】

《周易·繫辭》：「斷木為杵，掘地為臼。臼杵之利，萬民以濟。」常「杵臼」連用，古人有公孫杵臼，救趙氏孤兒者，借指為別人保全後嗣的人。

「杵臼之交」比喻朋友相交不分貴賤。漢人公沙穆，為人好學，因家貧無法進太學讀書，乃為富翁吳佑賃舂，後佑與之交談，知其為飽學之士，遂共定交於杵臼之間。

概 概 gài　　杚斗斛。从木，既聲。〔工代切〕

【注釋】

本義是古代刮平斗斛的刮板，量米粟時，放在斗斛上刮平，不使過滿。故引申出一概、全部義，如「一概而論」。《韓非子·外儲說》：「概者，平量者也。」常用義有大略、大體也，今有「大概」，「少概」即稍微也。氣度也，今有「氣概」。又景象、狀況也，如「盛概」即盛景、盛況也。

段注：「概，平斗斛者。概本器名，用之平斗斛亦曰概，許、鄭、高皆云其器也。凡平物曰杚，所以杚斗斛曰概，引申之義為節概、感概、梗概。」

杚 杚 gài　　平也。从木，气聲。〔古沒切〕

【注釋】

本義是把東西弄平。又指量糧食時刮平斗斛的刮板。「杚量」謂平治、治理也。

楮 {楮} shěng　　木參交以枝炊篹者也。从木，省聲。讀若驪駕。〔臣鉉等曰：驪駕未詳。〕〔所綆切〕

【注釋】

三根木頭交插搭成支架以支持漉米的器具。

柶 {柶} sì　　《禮》有柶。柶，匕也。从木，四聲。〔息利切〕

【注釋】

今指調羹，常「匕柶」連用。段注：「蓋常用器曰匕，禮器曰柶。匕下曰：一名柶。」

桮 {桮} bēi（杯）　　㔠也。从木，否聲。〔布回切〕 {區} 籀文杯。

【注釋】

桮，俗字作杯。㔠者，小杯。

古代的杯分二類，皆有出土實物。一類同現在，大口深腹飲酒器。一類是橢圓淺腹盛羹器，類似平底碗，又叫「耳杯」，「幸分我一杯羹」，故杯可盛羹，參《古代漢語文化百科詞典》。

段注：「杯其通語也。古以杯盛羹，杯圈是也。」

杯圈，亦作「杯棬」，形狀彎曲的木製飲酒器。《禮記‧玉藻》：「母沒而杯圈不能飲焉。」鄭玄注：「圈，屈木所為，謂巵匜之屬。」孔穎達疏：「杯圈，婦人所用，故母言杯圈。」後因用作思念先母之詞。

槃 {槃} pán（盤、盘）　　承槃也。从木，般聲。〔薄官切〕 {鎜} 古文，从金。 {盤} 籀文，从皿。

【注釋】

今通行重文盤，簡化作盘，省體俗字也。承槃者，承水器也。古者，盤、匜配套使用，匜盛水，盤接水。洗手時，有人捧匜往下澆水，下有盤接著。《左傳》載懷嬴伺候晉文公洗手，「奉匜沃盥」。

段注：「承盤者，承水器也。古之盥手者，以匜沃水，以盤承之，故曰承盤。《內則》注曰：盤，承盥水者。《吳語》注曰：盤，承盥器也。《大學》：湯之盤銘曰：苟日

新，日日新，又日新。正謂刻戒於盥手之承盤，故云日日新也。

古者晨必洒手，日日皆然。至於沐浴靧面，則不必日日皆然，據《內則》所云知之。盤引申之義為凡承受者之偁，如《周禮》珠盤、夷盤是也。」

槤 槤 sī   盤也。从木，虒聲。〔息移切〕

【注釋】

本義是木盤，《方言》：「承槃曰槤。」

案 案 àn   几屬。从木，安聲。〔烏旰切〕

【注釋】

本義是几案。常用義有文書也，今有「案卷」「無案牘之勞形」；按照也，如「案法而行」；考察也，如「案問」或作「按問」，「案察使」或作「按察使」。今「案語」「編者案」謂經過考察研究後下的結論。於是也，《荀子》：「財物積，國家案自富矣。」巡行也，如「王案行其處」。以上各常用義，多可通「按」字。

段注：「按許云几屬，則有足明矣。今之上食木盤近似，惟無足耳。後世謂所憑之几為案，古今之變也。」

櫶 櫶 xuán   圓案也。从木，瞏聲。〔似沿切〕

械 械 jiān   篋也。从木，咸聲。〔古咸切〕

【注釋】

箱子一類的器具。

枓 枓 dǒu   勺也。从木，从斗。〔之庾切〕

【注釋】

此斗勺之後起本字也。

段注：「凡升斗字作斗，枓勺字作枓，本不相謀，而古音同當口切，故枓多以斗為之。」

杓 杓 biāo   枓柄也。从木，从勺。〔臣鉉等曰：今俗作市若切，以為杯

杓之杓。〕〔甫搖切〕

【注釋】

北斗第五、六、七顆星的名稱，也叫斗柄，也稱杓。也叫罡，如「天罡北斗陣」。斗勺叫魁，合稱「罡魁」。後音變為 sháo，指舀酒的勺子，如「不勝杯杓」，謂酒量不行也。

段注：「枓柄者，勺柄也。勺謂之枓，勺柄謂之杓。《小雅》言：西柄之揭，《大雅》傳曰：大斗長三尺。北斗一至四為魁，象羹枓，五至七為杓，象枓柄也。」

櫑 léi（罍）　　龜目酒尊，刻木作雲雷象，象施不窮也。从木，畾聲。〔魯回切〕罍，櫑，或从缶。櫑，或从皿。櫑籀文櫑。

【注釋】

今通行重文罍，酒罈子也。《詩經》：「我姑酌彼金罍，唯以不永傷。」罍是大型盛酒器，酒預先存於罍中，喝酒時再分盛到壺、尊、瓶等小型盛酒器中，然後用勺子舀到杯中。見後「鍾」字段注。

《詩經》：「瓶之罄也，維罍之恥。」瓶中的酒是罍提供的，故瓶中無酒，罍引以為恥。比喻關係密切，相互依存。今有成語「瓶罄罍恥」。

椑 pí　　圓榼也。从木，卑聲。〔部迷切〕

【注釋】

古代一種扁圓形的盛酒器，如「椑榼」。

榼 kē　　酒器也。从木，盍聲。〔枯蹋切〕

【注釋】

古代盛酒或貯水的器具。《左傳·成公十六年》：「使行人執榼承飲。」《孔叢子》：「堯舜千鍾，孔子百觚，子路嗑嗑，尚飲十榼。」

橢 tuǒ　　車笭中橢橢器也。从木，隋聲。〔徒果切〕

【注釋】

車廂欄杆內橢圓狹長形的容器。今作橢圓字。

段注：「《山部》：隓，山之隋隋者。今本亦訛作隓隓者。隋隋，狹長皃也。」

槌 𣚧 zhuì　　關東謂之槌，關西謂之㭧。从木，追聲。〔直類切〕

【注釋】

古代架蠶箔的木柱。

㭧 𣚒 zhé　　槌也。从木，特省聲。〔陟革切〕

栚 𣔻 zhèn　　槌之橫者也，關西謂之㯕。从木，㚖聲。〔臣鉉等曰：當从朕省。〕〔直袵切〕

【注釋】

隸變作栚，㚖作偏旁隸變為关，如朕、眹。

槤 𣖾 liǎn（璉）　　瑚槤也。从木，連聲。〔臣鉉等曰：今俗作璉，非是。〕〔里典切〕

【注釋】

古代祭祀時盛黍稷的器皿。瑚、璉皆宗廟禮器，用以比喻治國安邦之才，又指國家寶貴的人才。

櫎 𣚊 huǎng（幌）　　所以几器。从木，廣聲。一曰：帷屏風之屬。〔臣鉉等曰：今別作幌，非是。〕〔胡廣切〕

【注釋】

擱置物品的器具，又指放兵器的架子。「一曰：帷屏風之屬」，今幌之本字也。

段注：「《廣韻》曰：櫎，兵闌。櫎之字一變為榥，再變為幌。《雪賦》注引《文字集略》曰：幌，以帛明牕也。」

梟 𣖘 jú　　舉食者。从木，具聲。〔俱燭切〕

【注釋】

古代祭祀用的架子，用來放置宰殺的牲口。

繫 繫 jì　　縳耑木也。从木，毄聲。〔古詣切〕

檷 檷 nǐ　　絡絲檷。从木，爾聲。讀若柅。〔奴禮切〕

【注釋】

纏絲的架子。

機 機 jī（机）　　主發謂之機。从木，幾聲。〔居衣切〕

【注釋】

古機、机二字有別。機本義是弓弩上的發射機關，机是樹名，俗字系統中常混同，後二字歸併為一。

引申關鍵要點，今有「機關」，如「治亂之機」。又時機，今有「機會」，如「成敗之機，在於今日」。又有機靈義，今有「機靈」「機警」。又指萬物的苗頭，今有「機兆」；又指事務，如「日理萬機」。

縢 縢 shèng　　機持經者。从木，朕聲。〔詩證切〕

【注釋】

古稱經軸或繞經輥為縢，是古代織機上卷放經紗的工具，有時也稱作柚，或作軸。

杼 杼 zhù　　機之持緯者。从木，予聲。〔直呂切〕

【注釋】

今梭子也，《木蘭詩》：「不聞機杼聲，但聞女歎息。」今有「獨出機杼」。

段注：「按此與木名之柔以左形右聲、下形上聲為別。」

榎 榎 fù　　機持繒者。从木，复聲。〔扶富切〕

【注釋】

織布機上卷布用的軸。

楥 楥 xuàn　　履法也。从木，爰聲。讀若指撝。〔吁券切〕

【注釋】

鞋的模子。

段注：「字亦作楦，蘇俗謂之楦頭。削木如履，置履中使履成如式，平直不皴。今鞋店之楦也，楥、楦正俗字。」

核 gāi 　　蠻夷以木皮為篋，狀如盦尊。从木，亥聲。〔古哀切〕

【注釋】

本義是木名。今作為棗核字。棗核本字當作覈。

段注：「今字果實中曰核而本義廢矣，按許不以核為果實中者，許意果實中之字當用覈也。」

常用有真實、實在義，今有「核實」，同義連文也。《漢書》：「其文直，其事核。」有動詞核實義，今有「核對」。

棚 péng 　　棧也。从木，朋聲。〔薄衡切〕

【注釋】

本義是木編的柵欄。編木橫豎為之皆曰棧、曰棚，今只謂在上以蔽下者曰棚。

段注：「《通俗文》曰：板閣曰棧，連閣曰棚，析言之也。許云：棚，棧也。渾言之也。」

棧 zhàn 　　棚也，竹木之車曰棧。从木，戔聲。〔士限切〕

【注釋】

本義是竹木編成的柵欄。竹木做成的車亦謂之棧，竹木編成的路亦謂之棧，如「棧道」。

段注：「許云竹木之車者，謂以竹若木散材編之為箱，如柵然，是曰棧車。棧者上下四旁皆偶焉。《公羊傳》云：亡國之社，掩其上而柴其下。《周禮‧喪祝》注作『奄其上而棧其下』，棧其下，謂以竹木布於地也。」

栫 jiàn 　　以柴木雍也。从木，存聲。〔徂悶切〕

【注釋】

「魚栫」即魚籪，插在河水裏的竹柵欄，用來阻擋魚，以便捕捉。清唐訓方《里

語徵實》:「江中取魚欄曰魚柝。」指用柴木堵塞。

橢 櫃 guì　　筐當也。从木，國聲。〔古悔切〕

【注釋】

器物容納東西的空廓部分。段注:「匤當，今俗有此語，謂物之腔子也。」

梯 梯 tī　　木階也。从木，弟聲。〔土雞切〕

【注釋】

《孟子》:「父母使舜完廩，捐階。」趙岐注曰:「階，梯也。階以木為之，便於登高。」

根 橕 chéng　　杖也。从木，長聲。一曰:法也。〔宅耕切〕

【注釋】

本義是木柱。又指古時門框兩邊的木柱，亦稱「根臬」。門框上為楣，下為閫（門檻），左右為根，其中之木即為橕。「一曰:法也」，臬亦有法義。《爾雅》:「根謂之楔。」引申有觸動義，如「根觸」，感觸也。

根指古代門兩旁所豎的長木柱，用以防止車過觸門。詳見「梱」字注。

棬 棬 juàn　　牛鼻中環也。从木，关聲。〔居倦切〕

【注釋】

穿在牛鼻子上的小木棍兒或小鐵環，如「牛鼻棬兒」。

椯 椯 duǒ　　棰也。从木，耑聲。一曰:揣度也。一曰:剟也。〔兜果切〕

橛 橛 jué　　弋也。从木，厥聲。一曰:門梱也。〔瞿月切〕

【注釋】

小木樁也。門梱，指門中豎立作為限隔的短木。引申為樹木或莊稼的殘根，如「稼橛」。又謂馬口中橫木，即馬銜。又動詞打、擊，《山海經》:「橛以雷獸之骨。」見「梱」字注。

樴 樴 zhí　　弋也。从木，戠聲。〔之弋切〕

【注釋】

小木樁。

段注：「《釋宮》曰：樴謂之杙，在牆者謂之楎，在地者謂之臬，大者謂之栱，長者謂之閣。」

杖 杖 zhàng　　持也。从木，丈聲。〔臣鉉等曰：今俗別作仗，非是。〕〔直兩切〕

【注釋】

仗乃後起俗字也。今有「仗劍而立」，引申為兵器的總稱，今有「儀仗」「弓仗」。又衛兵也，如「甲仗百人」。

段注：「凡可持及人持之皆曰杖，喪杖、齒杖、兵杖皆是也，兵杖字俗作仗。」

柭 柭 bā　　棓也。从木，犮聲。〔北末切〕

【注釋】

木棒也。

棓 棓 bàng（棒）　　梲也。从木，音聲。〔步項切〕

【注釋】

棓，今棒之古字也。棒乃俗字也，《說文》無棒字。梲者，木杖也。

段注：「棓、棒正俗字。《天官書》：紫宮左三星曰天槍，右五星曰天棓。《淮南書》：寒浞殺羿於桃棓。」

椎 椎 chuí　　擊也，齊謂之終葵。从木，隹聲。〔直追切〕

【注釋】

本義是用槌擊打。又有樸實、愚鈍義，今有「椎魯」。

終葵合音為椎。或謂終葵本是殷商時期巫師所戴的方形尖頂面具，後將用於捶擊的尖狀工俱稱為終葵，其合音為椎。從唐代開始流傳的食鬼之神鍾馗就是以終葵驅鬼為藍本而附會形成的。

段注：「器曰椎，用之亦曰椎。按《考工記》終古、終葵、椑，皆用齊言，蓋齊人作。」

柯 柯 kē　　斧柄也。从木，可聲。〔古俄切〕

【注釋】

本義是斧柄。柯假借為枝柯，今常用義是樹枝。《詩經》：「伐柯若之何，非斧不克；娶妻若之何，非媒不得。」故給人做媒稱「伐柯」「作伐」，媒人稱為「伐柯人」。古官媒行業標誌即斧頭和秤。俗語有「媒人是桿秤，全靠兩頭硬」。

段注：「伐木之柯，柄長三尺。又《盧人》注曰：齊人謂柯斧柄為椑。按柯斧者，大斧也。柯之假借為枝柯。」

梲 梲 tuō / zhuō　　木杖也。从木，兌聲。〔他活切〕，又〔之說切〕

【注釋】

本義是木棍，又指梁上的短柱。段注：「按經典用為梁上短柱之梲。」

柄 柄 bǐng　　柯也。从木，丙聲。棅 或从秉。〔陂病切〕

【注釋】

段注：「柄之本義專謂斧柯，引申為凡柄之稱。」

柲 柲 bì　　欑也。从木，必聲。〔兵媚切〕

【注釋】

本義是戈矛的柄，用捆綁的竹子做成。《詩經》：「交韔二弓，竹柲緄縢。」也是矯正弓弩的器具。

段注：「按戈戟矛柄皆用積竹杖，不比他柄用木而已，殳則用積竹杖而無刃。柲之引申為凡柄之稱。」

欑 欑 cuán　　積竹杖也。从木，贊聲。一曰：穿也。一曰：叢木。〔在丸切〕

【注釋】

從贊之字多有聚集義，如攢、瓚（三玉二石也）、儹（最也），最者，聚也。

屎 屎 nǐ　　篗柄也。从木，尸聲。〔女履切〕秕 屎，或从木，尼聲。〔臣鉉等曰：柅，女氏切，木，若梨。此重出。〕

【注釋】

絡絲車的搖把，泛指器物的把。見前「篗」字注。

榜 榜 bàng　　所以輔弓弩。从木，旁聲。〔補盲切〕〔臣鉉等案：李舟《切韻》一音北孟切，進船也。又音北朗切，木片也。今俗作牓，非。〕

【注釋】

本義是矯正弓弩的器具。又為船槳，「榜人」謂船夫也。「榜船」謂划船也。又有捶打義，如「榜笞」謂鞭打也。又有張貼出的文告義，也寫作牓，如「金榜題名」。從旁之字多有挨近義，如傍，近也。傍晚者，近晚也。徬，附行也。

檠 檠 qíng　　榜也。从木，敬聲。〔巨京切〕

【注釋】

或作擎，常「榜檠」連用，矯正弓弩的器具。

檃 檃 yǐn　　栝也。从木，隱省聲。〔於謹切〕

【注釋】

矯正竹木的器具。

栝 栝 kuò（栝）　　檃也。从木，昏聲。一曰：矢栝，築弦處。〔古活切〕

【注釋】

隸變作栝。本義是用以矯正弓弩的器具，如「檃栝」，亦作「隱括」。

棊 棊 qí（棋）　　博棊。从木，其聲。〔渠之切〕

【注釋】

博，即簙，亦棋也，同義連文。

椄 椄 jiē　　續木也。从木，妾聲。〔子葉切〕

【注釋】

　　接、椄同源詞也。段注：「今栽華植果者以彼枝移椄此樹，而華果同彼樹矣。椄之言接也，今接行而椄廢。」

　　　椿 𣘏 xiáng　　椿雙也。从木，夅聲。讀若鴻。〔下江切〕

【注釋】

　　椿雙，用篾席做成的船帆。

　　　栝 𣗙 tiǎn　　炊灶木。从木，舌聲。〔臣鉉等曰：當从甜省，乃得聲。〕〔他念切〕

【注釋】

　　撥火棍。常用 kuò 音，與栝之隸變字同，指箭末扣弦處，如「箭栝」「矢栝」。

　　　槽 𣟤 cáo　　畜獸之食器。从木，曹聲。〔昨牢切〕

【注釋】

　　段注：「馬櫪曰槽。《方言》：櫪，梁宋齊楚北燕之間謂之樎皁，皁與槽音義同也。」

　　　臬 𣎆 niè　　射準的也。从木，从自。〔李陽冰曰：自非聲，从劓省。〕〔五結切〕

【注釋】

　　「準的」同義連文，靶心也。臬本義是射箭的靶子，引申為目標準則。又指古代測日影的標杆，即表。古代有圭表測日影法，在石座上南北平放著的尺叫圭，與之垂直立著的標杆叫表，後以「圭臬」謂標準、法式，今有「奉為圭臬」。

　　明清時一省的司法長官謂之「臬臺」，臬亦法也。《小爾雅》：「臬，法也。」又有極限義，《小爾雅》：「臬，極也。」《遊海賦》：「其深不測，其廣無臬。」極有法度義，也有極限義。臬有此二義，同步引申也。

　　　桶 𣚽 tǒng　　木方，受六升。从木，甬聲。〔他奉切〕

【注釋】

本義是量器。

櫓 櫿 lǔ　　大盾也。从木，魯聲。𣔽或从鹵。〔郎古切〕

【注釋】

本義是大盾牌，成語有「流血漂櫓」。又有望樓義，如「泰山為櫓」。又有船槳義，如「搖櫓」。

段注：「櫓其大者也。《釋名》曰：盾大而平者曰吳魁，隆者曰須盾。櫓或假杵為之，流血漂杵即流血漂櫓也。《始皇本紀》亦假鹵為之，天子出行鹵簿。鹵，大楯也，以大盾領一部之人，故名鹵簿。」

樂 𣁷 yuè（乐）　　五聲八音總名。象鼓鞞。木，虡也。〔玉角切〕

【注釋】

乐乃樂之草書楷化字形，參藥、欒之草書字形。

段注：「宮商角徵羽，聲也。絲竹金石匏土革木，音也。樂之引申為哀樂之樂。」

柎 𣘹 fū　　闌足也。从木，付聲。〔甫無切〕

【注釋】

懸掛鐘鼎的木架之足。亦泛指器物的足。引申花萼的底部，即花托，亦謂之柎，《詩經》：「棠棣之花，萼不韡韡。」不者，柎假借也。又有板義，《說文》：「砆，石柎也。」引申出依仗義，《管子》：「父老柎枝而論。」

段注：「柎、跗正俗字也，凡器之足皆曰柎。」

枹 𣙷 fú　　擊鼓杖也。从木，包聲。〔甫無切〕

【注釋】

鼓槌也。也寫作桴，《國殤》：「援玉枹兮擊鳴鼓。」

段注：「枹、桴二字同體，音扶鳩切。鼓椎也，按桴本訓棟，借為鼓柄字耳。」

椌 𣚊 qiāng　　柷樂也。从木，空聲。〔苦江切〕

【注釋】

　　常「椌楬」連用，「椌楬」謂柷敔也。椌謂柷，楬謂敔，柷形如漆桶，奏樂開始時敲打。敔狀如伏虎，奏樂將終，擊敔使演奏停止。參《三才圖會》。

　　段注：「蓋椌之言空也，自其如桼桶言之也。柷之言觸也，自其椎柄之撞言之也。《皋陶謨》：合止柷敔。鄭注云：柷狀如桼桶而有椎，合之者，投椎其中而撞之。」

　　柷 zhù　　樂，木空也，所以止音為節。从木，祝省聲。〔昌六切〕

【注釋】

　　連篆為讀。柷樂，木空也。見上「椌」字注。

　　段注：「《樂記》注曰：椌楬，謂柷敔也。此釋椌為柷，釋楬為敔也。謂之椌者，其中空也。」

　　槧 qiàn　　牘樸也。从木，斬聲。〔自琰切〕

【注釋】

　　古代寫字用的木片，古代削木為牘，沒有書寫過的素牘叫槧。「握鉛抱槧」謂拿著木板，帶著鉛粉筆，指勤於寫作或校勘。或作「懷鉛提槧」，《西京雜記》卷三：「揚子雲好事，常懷鉛提槧，從諸計吏，訪殊方絕域四方之語。」雕版亦謂之槧，今有「宋槧」「元槧」謂宋版、元版也。又引申為書信。

　　段注：「牘，書版也。槧謂書版之素，未書者也。長大者曰槧，《論衡》曰：斷木為槧。《釋名》曰：槧，版之長三尺者也。槧，漸也，言漸漸然長也。」

　　札 zhá　　牒也。从木，乙聲。〔側八切〕

【注釋】

　　本義是古代用來寫字的小木片，如「札記」，謂書上的筆記也。引申出書信義，如「手札」「來札」。鎧甲也叫札，因為用鐵片編成，《廣雅》：「札，甲也。」古代瘟疫也叫札，如「土氣和，無札厲」。「札札弄機杼」者，象聲詞也。

　　段注：「長大者曰槧，薄小者曰札、曰牒。《釋名》曰：札，櫛也。編之如櫛齒相比也。師古曰：札，木簡之薄小者也。」

　　檢 jiǎn　　書署也。从木，僉聲。〔居奄切〕

【注釋】

　　檢乃草書楷化字形。本義是覆蓋書函內容的木板，「書署也」非本義。引申封書題簽，引申為名詞，書匣上的標籤，今作簽。古者信寫在木板上，信寫好了，要封起來，則用另一塊版蓋上，這塊蓋信版就叫「檢」，木函叫檢，題寫木函亦謂檢，故訓「書署也」。

　　檢上可以題寫收信人的姓名地址，這個動作叫作「署」。檢上有細槽，用繩子捆紮起來，檢的中間有方槽，在那裏打繩結，繩結上施以封泥，泥上再蓋上印，這個動作叫「封」。古代檢或作覆斗狀，故稱「斗檢封」，後「斗檢封」指官方發給的蓋印封簽的文書。常用義是法度，法則，如「思無定檢」。引申為收斂約束義，如「檢手而立。」

　　段注：「書署謂表署書函也。《廣韻》云：『書檢者，印窠封題也。』則通謂印封為檢矣。引申為凡檢制、檢校之稱。」

　　檄 檄 xí　　二尺書。从木，敫聲。〔胡狄切〕

【注釋】

　　長二尺的文書，古代用來徵召、聲討的文書叫檄文。「檄移」，文體名，「檄文」與「移文」的合稱。檄文多用於聲討和征伐；移文多用於曉喻或責備。

　　棨 棨 qǐ　　傳信也。从木，啟省聲。〔康禮切〕

【注釋】

　　本義是古代用木製的一種符信。傳有符信義，《漢書·寧成傳》：「詐刻傳出關歸家。」古代官吏出行時的木製儀仗亦謂之棨，形狀像戟，外有繒衣，也叫「棨戟」，《滕王閣序》：「都督閻公之雅望，棨戟遙臨。」

　　椸 椸 mù　　車歷錄束文也。从木，敄聲。《詩》曰：五椸梁輈。〔莫卜切〕

【注釋】

　　古代用皮帶綁紮加固車轅而成的裝飾，《詩經》：「五椸梁輈。」謂車轅上用五束皮革紮成的裝飾。「歷錄」猶歷歷也，顯明貌。

　　柧 柧 hù　　行馬也。从木，互聲。《周禮》曰：設梐柧再重。〔胡誤切〕

【注釋】

古代官府門前阻攔人馬通行的木架子，用木條交叉製成的柵欄。也稱行馬，也叫桂柘。

桂 椑 bì 桂柘也。从木，陛省聲。〔邊兮切〕

【注釋】

段注：「按當作坒聲，與《非部》陛下陛省聲不同。」

极 㮂 jí 驢上負也。从木，及聲。或讀若急。〔其輒切〕

【注釋】

本義是驢背上負載物的木架子。極、极古為二字，極者，棟也，今歸併為一字。見「極」字注。笈、极同源詞也。

段注：「《廣韻》云：『驢上負版。』蓋若今馱鞍。或云負笈字當用此，非也。《風土記》曰：『笈謂學士所以負書箱，如冠箱而卑者也。』然則笈者書箱，人所負以徒步者，不得合為一也。」

㩝 㭘 qū 极也。从木，去聲。〔去魚切〕

【注釋】

置於驢背上馱載物品的板子。《廣韻》：「版置驢上負物。」

槅 槅 gé 大車枙也。从木，鬲聲。〔古核切〕

【注釋】

大車，牛車也。大車的軛，駕車時放在牛頸上的曲木。

段注：「通曰軛，大車之軛曰槅。《釋名》曰：槅，扼也，所以扼牛頸也。馬曰烏啄，下向叉馬頸，似烏開口向下啄物時也。」

槤 㯩 shū 車轂中空也。从木，臾聲。讀若藪。〔山樞切〕

【注釋】

車轂中間穿車軸的孔。空，孔也。析言之，車轂中間穿車軸的孔曰䡅，穿輻條

的孔曰樕。

　　槥 槥 huò　　　盛膏器。从木，咼聲。讀若過。〔乎臥切〕

【注釋】

　　古代盛潤滑車軸油膏的器皿。段注：「如今時御者亦係小油餅於車以備用是也。」

　　柳 柳 àng　　　馬柱。从木，卬聲。一曰：堅也。〔吾浪切〕

【注釋】

　　拴馬的樁子。

　　梏 梏 gù　　　梏斗，可射鼠。从木，固聲。〔古慕切〕

　　檑 檑 léi　　　山行所乘者。从木，樏聲。《虞書》曰：「予乘四載。」水行乘舟，陸行乘車，山行乘檑，澤行乘軘。〔力追切〕

【注釋】

　　登山的轎。段注：「梮，木器也，如今轝床，人轝以行也。應劭曰：梮或作檑，為人所牽引也。」

　　榷 榷 què　　　水上橫木，所以渡者也。从木，隺聲。〔江岳切〕

【注釋】

　　本義是獨木橋。兩頭聚石，以木橫架之，故亦名石杠。《廣雅·釋室》：「榷，獨梁也。」《初學記》：「獨木之橋曰榷。」引申為專營、專賣，如「榷茶」「榷稅」。「榷場」者，專賣之市場。今作為「商榷」字。商榷者，商討也。

　　段注：「石杠者謂兩頭聚石，以木橫架之可行，非石橋也。凡直者曰杠，橫者亦曰杠，杠與榷雙聲。《孝武紀》曰：榷酒酤。韋曰：『以木渡水曰榷。謂禁民酤釀，獨官開置，如道路設木為榷，獨取利也。』凡言大榷、揚榷、辜榷，當作此字，不當从手。」

　　橋 橋 qiáo　　　水梁也。从木，喬聲。〔巨驕切〕

【注釋】

本義是橋梁。從喬之字多有高義，見前「蹻」字注。

段注：「水梁者，水中之梁也。梁者，宮室所以關舉南北者也，然其字本從水，則橋梁其本義，而棟梁其假借也。凡獨木者曰杠，駢木者曰橋，大而為陂陀者曰橋，古者挈皋曰井橋。讀若居廟反，取高舉之義也。」

梁 liáng　　水橋也。从木，从水，刅聲。〔呂張切〕 古文。

【注釋】

本義是橋梁。引申為房梁，如「梁上君子」，後寫作「樑」。「魚梁」謂水中築的用來捕魚的堤壩，《詩經》：「勿逝我梁，勿發我笱。」

段注：「梁之字用木跨水，則今之橋也。若《爾雅》：堤謂之梁。毛傳：石絕水曰梁。謂所以偃塞取魚者，亦取互於水中之義謂之梁。凡毛詩自『造舟為梁』外，多言魚梁。」

樓 sōu（艘）　　船總名。从木，叟聲。〔臣鉉等曰：今俗別作艘，非是。〕〔穌遭切〕

【注釋】

今作艘。本義是船的總稱，如「糧艘」謂運糧船，今多作量詞用。堵的本義是牆，今亦多作量詞用。

橃 fá（筏）　　海中大船。从木，發聲。〔臣鉉等曰：今俗別作筏，非是。〕〔房越切〕

【注釋】

今作筏。發者，大也。今有「大發了」，發亦大也。從發、從伐之字、之音多有大義，「閥閱」者，謂大功勞。「功伐」者，亦大功勞。今河南小木排、小船謂之筏。

段注：「《廣韻》橃下曰：『木橃，《說文》云：海中大船。』謂《說文》所說者古義，今義則同筏也。凡《廣韻》注以今義列於前，《說文》與今義不同者列於後，獨得訓詁之理，蓋六朝之舊也。

即如此篆，《玉篇》注云：『海中大船也，泭也。』是為古義今義雜糅。漢人注經固云大者曰筏，小者曰桴。是漢人自用筏字，後人以橃代筏，非漢人意也。」

楫 𣏞 jí 　　舟棹也。从木，咠聲。〔子葉切〕

【注釋】

本義是船槳，如「檣傾楫摧」。

檷 𣏚 lǐ 　　江中大船名。从木，蠡聲。〔盧啟切〕

【注釋】

蠡，瓢也。從蠡聲，聲兼義也。

校 𣏓 jiào 　　木囚也。从木，交聲。〔古孝切〕

【注釋】

本義是古代刑具、枷械的統稱。或說是木囚籠，《新唐書》：「大校重牢，五木被體。」「校獵」，謂用木柵欄阻攔獵取野獸，如「天子校獵」。

校常用義甚多，有較量、對抗義，如「韓魏不足校於秦」；有比較義，如「校其強弱之勢」；有計算義，如「憂患不可勝校矣」；有考核義，如「校之以功」。這些意義又可寫作「較」。

明代天啟以前不講究避諱，承襲元代也。明末避諱朱由校，刻書常改「校」為「較」，直到清初仍如此。清順治間王士禎刻書仍避「校」字，王家在明朝四代公保，皇恩浩蕩，令其難忘。清代學者顧炎武、惠棟、黃丕烈諸家所校各書，「校」皆作「挍」，把「校勘」改為「挍勘」。故用避諱給古書版本斷代，往往上限易定，下限難定。

段注：「木囚者，以木羈之也。《易》曰：屨校滅趾，何校滅耳。屨校，若今軍流犯人新到箸木韈。何校，若今犯人帶枷也。」

樔 𣕊 cháo 　　澤中守艸樓。从木，巢聲。〔鋤交切〕

【注釋】

澤中守望的高腳窩棚。

段注：「謂澤中守望之艸樓也。艸樓，蓋以艸覆之。《左傳·成十六年》正義引此文，樔訛為橹。」

采 𥬇 cǎi 　　捋取也。从木，从爪。〔倉宰切〕

【注釋】

本義是採摘，像取果於木之形。後加手作採，今簡化漢字又作采。從爪之字作偏旁時在上皆變為爫，如受、埒等。

段注：「《芣苢》傳曰：采采，非一辭也。《曹風》：采采衣服，傳曰：采采，眾多也。《秦風·蒹葭》采采，傳曰：采采，猶萋萋也。此三傳義略同，皆謂可採者眾也。凡文采之義本此，俗字手採作採，五彩作彩，皆非古也。」

據段注，文采、採摘有意義聯繫，非純粹的假借關係。

柿 fèi　　削木札樸也。从木，宋聲。陳楚謂櫝為柿。〔芳吠切〕

【注釋】

削木頭，特指削去木簡上的錯誤。又指削下來的木片。

橫 héng　　闌木也。从木，黃聲。〔戶盲切〕

【注釋】

攔門的木頭，本義是門框下部的橫木。字亦作桁。引申為縱橫交錯義，今有「雜草橫生」。又有充滿、充斥義。《禮記》：「置之而塞乎天地，溥之而橫乎四海。」

該義通「桄」，橫從黃聲，黃從光聲，《爾雅》：「桄，充也。」引申廣闊義，今有「橫無際涯」。今有「橫眉冷對千夫指」，「橫眉」非謂眉毛橫起來，謂皺眉也。

橫本義是攔木，起阻攔作用，引申出不順，此「橫眉」即不順義。本陸宗達先生說。今有「飛來橫禍」者，橫亦逆也，出乎意料即不順常理也。

段注：「闌，門遮也。引申為凡遮之偁。凡以木闌之皆謂之橫也，古多以衡為橫。」

梜 jiā　　檢柙也。从木，夾聲。〔古洽切〕

【注釋】

木製的夾子，又指筷子。段注：「《曲禮》：羹之有菜者用梜。謂箸為梜，此引申之義也。」

桄 guāng　　充也。从木，光聲。〔古曠切〕

【注釋】

今「光被四表」之本字也。本義是充滿，《爾雅》：「枑，充也。」見上「橫」字注。朱駿聲《說文通訓定聲》：「枑字本訓當為橫木，與橫略同。」指門、几、車、船、梯、床、織機等物上的橫木。

段注：「今車、床及梯下橫木皆是也。」

橋 橋 zuì（檇）　　以木有所擣也。从木，雋聲。《春秋傳》曰：越敗吳於橋李。〔遵為切〕

【注釋】

今作檇。「檇李」是一種李子，又地名，越王句踐敗吳王闔閭處，古有「檇李之戰」。

梀 梀 zhuó　　擊也。从木，豕聲。〔竹角切〕

【注釋】

《詩經》有「梀之丁丁」句。古代宮刑，亦謂之梀。

朾 朾 chéng（打）　　橦也。从木，丁聲。〔宅耕切〕

【注釋】

此打之古字也。橦俗作撞。

段注：「撞从手，各本誤从木从禾，今正。《通俗文》曰：撞出曰朾。朾之字，俗作打，音德冷、都挺二切，近代讀德下切，而無語不用此字矣。」

柧 柧 gū　　棱也。从木，瓜聲。又柧棱，殿堂上最高之處也。〔古胡切〕

【注釋】

觚有棱角、棱形義，本字當作柧。觚本義是飲酒器，非本字明矣。

段注：「柧與棱二字互訓。受以積竹，八觚。觚當作柧，觚行而柧廢矣。」

棱 棱 léng　　柧也。从木，夌聲。〔魯登切〕

【注釋】

俗作楞。四方木也，引申為棱角，引申為威嚴義，今有「剛棱嫉惡」。今有「二

愣子」，謂剛硬之人，蓋同源也。「棱棱」謂嚴寒貌，如「棱棱霜氣」。又威嚴貌，如「棱棱聲望」。

櫱 櫱 niè（蘖）　　伐木餘也。从木，獻聲。《商書》曰：若顛木之有由櫱。〔五葛切〕鬃 櫱，或从木，辥聲。屮 古文櫱，从木，無頭。枿 亦古文。

【注釋】

今通行重文蘖，被砍去或倒下的樹木再生的枝芽，今有「萌蘖」「芽蘖」「分蘖」。再生芽枝謂之蘖，庶子謂之孽，同源詞也。

枰 枰 píng　　平也。从木，从平，平亦聲。〔蒲兵切〕

【注釋】

此聲訓也。枰，棋盤也，棋盤平整，故名枰。今有「棋枰」。

段注：「此『門，聞也』『戶，護也』之例，謂木器之平偁枰，如今言棋枰是也。」

拉 拉 lā　　折木也。从木，立聲。〔盧合切〕

【注釋】

從立之字多有折斷義，如拉（折也、摧也）、砬（石崩裂聲）等。

槎 槎 chá　　邪斫也。从木，差聲。《春秋傳》曰：山不槎。〔側下切〕

【注釋】

用刀或斧砍，《國語》：「山不槎蘖，澤不伐夭。」常用義是小筏子，「浮槎」者，小筏子也。晉張華《博物志》：「天河與海通，今世有人居海渚者。年年八月有浮槎，往來不失期。」後以「乘槎」謂上天而去或入朝為官。

柮 柮 duò　　斷也。从木，出聲。讀若《爾雅》「貀無前足」之貀。〔女滑切〕

檮 檮 táo　　斷木也。从木，喬聲。《春秋傳》曰：檮柮。〔徒刀切〕

【注釋】

今簡化作梼。檮杌，古代的凶獸。檮、杌皆有斷義，故名。古有四凶者，饕餮、檮杌、渾敦、窮奇也。魯迅《故事新編‧采薇》篇有華山大王小窮奇。

析 杤 xī　　破木也。一曰：折也。从木，从斤。〔先激切〕

【注釋】

本義是把木頭砍開。引申為分析、辨析，如「奇文共欣賞，疑義相與析」。

椒 椒 zōu　　木薪也。从木，取聲。〔側鳩切〕

【注釋】

小柴也。從取之字多有小義，見前「菆」字注。

梡 梡 hún　　楎，木薪也。从木，完聲。〔胡本切〕

楎 楎 hún　　梡，木未析也。从木，圂聲。〔胡昆切〕

楄 楄 pián　　楄部，方木也。从木，扁聲。《春秋傳》曰：楄部薦榦。〔部田切〕

【注釋】

本義是方且短的椽子。「楄柎」，亦稱「楄部」，古時棺中墊屍體的長方木板。楄又作為「匾」之俗字。

楅 楅 bī　　以木有所逼束也。从木，畐聲。《詩》曰：夏而楅衡。〔彼即切〕

【注釋】

楅即衡也。捆在牛頭上防觸人的橫木，故常「楅衡」連用。從畐聲，聲兼義也。

葉 葉 yè　　楄也。枼，薄也。从木，世聲。〔臣鉉等曰：當从枼，乃得聲。枼，穌合切。〕〔與涉切〕

【注釋】

剖開的薄木片。從枼之字多有薄義，見前「枼」字注。

段注：「凡本片之薄者謂之枼，故葉、牒、鍱、籍、偞等字皆用以會意。」

櫙 櫙 yǒu　　積火燎之也。从木，从火，酉聲。《詩》曰：薪之櫙之。《周禮》：以櫙燎祠司中、司命。〔余救切〕禉柴祭天神，或从示。

【注釋】

本義是堆積木柴燒火，故有三義：堆積也，《詩經》：「芃芃棫樸，薪之櫙之。」木柴也，如「櫙薪」。徐志摩，字櫙森，猶森林之一木也。燒也、薰也，唐韓愈《南山詩》：「或赤若禿鬌，或燻若柴櫙。」

休 休 xiū　　息止也。从人依木。〔許尤切〕麻 休，或从广。

【注釋】

本義是休息，甲骨文作㣇，像人在樹旁休息之形。引申為停止義，如「我命休矣」。常用義是美善，《爾雅》：「休，美也。」如「休咎」謂吉凶也。又喜慶也，今有「休戚相關」。又用於句末語氣詞，相當於「罷」「了」，李清照詞：「要來小酌便來休。」

桓 櫙 gèn（亙、亘）　　竟也。从木，恒聲。〔古鄧切〕亙 古文桓。

【注釋】

今通行重文亙，簡化字規範作亘。竟者，從頭至尾也，故本義是橫貫，今有「亙古未有」。段注：「按今字多用亙，不用桓。」

械 械 xiè　　桎梏也。从木，戒聲。一曰：器之總名。一曰：治也。一曰：有盛為械，無盛為器。〔胡戒切〕

【注釋】

本義是刑具，如「足械」「手械」。又引申出束縛義，如「為……所械」。引申出器械，引申出武器義，今有「繳械」「械鬥」。

杽 杽 chǒu　　械也。从木，从手，手亦聲。〔敕九切〕

【注釋】

古代木製手銬一類的刑具。

段注：「字从木、手，則為手械無疑也。《廣雅》曰：杽謂之梏。杽、杻古今字。《廣韻》曰：抒，杻古文。」

桎 zhì　　足械也。从木，至聲。〔之日切〕

【注釋】

至也，聲兼義，腳至地，故腳械謂之桎。「踬踱」謂走路忽前忽後貌，同源詞也。段注：「在手曰梏，在足曰桎。」

梏 gù　　手械也。从木，告聲。〔古沃切〕

【注釋】

告聲，聲兼義。牿謂牛頭上的橫木，防止觸人也。梏乃人手上橫木，防止傷人也。引申監禁約束義。

櫪 lì　　櫪㭱，椑指也。从木，歷聲。〔郎擊切〕

【注釋】

櫪㭱，一種絞指的刑具。常作馬槽義，如「老驥伏櫪」。

㭱 xī　　櫪㭱也。从木，斯聲。〔先稽切〕

檻 jiàn　　櫳也。从木，監聲。一曰：圈。〔胡黯切〕

【注釋】

本義是養禽獸的柵欄，如「檻阱」「檻圈」。「檻」又有欄杆義，王勃《滕王閣詩》：「閣中帝子今何在？檻外長江空自流。」「檻車」謂運野獸帶有欄杆的車或古代押運囚犯的車。今常用為門檻字，音 kǎn，或作「門坎」，也稱「門限」。

段注：「檻車上施闌檻以格猛獸，亦囚禁罪人之車也。按許云『檻，櫳也』者，謂罪人及虎豹所居，假借為凡闌檻字。」

櫳 lóng　　檻也。从木，龍聲。〔盧紅切〕

【注釋】

本義是養禽獸的柵欄。又指窗戶，窗戶似柵欄故也，如「房櫳」。「簾櫳」謂帶簾子的窗戶。

柙 𣝁 xiá　　檻也，以藏虎兕。从木，甲聲。〔烏匣切〕𥧔古文柙。

【注釋】

圈養野獸的籠子。今有「虎兕出柙」，謂虎、兕從木籠中逃出，比喻惡人逃脫或做事不盡責，主管者應負責任。又指棺材，河南方言謂小棺材為柙。

棺 𣞷 guān　　關也，所以掩屍。从木，官聲。〔古丸切〕

【注釋】

聲訓也，棺者，所以關屍也。

櫬 𣟵 chèn　　棺也。从木，親聲。《春秋傳》曰：士輿櫬。〔初僅切〕

【注釋】

一般指空棺材。《小爾雅》：「空棺謂之櫬，有尸謂之柩。」今有「扶櫬歸里」。古代多以梧桐木做棺，故又為梧桐的別稱。

槥 𣟛 huì　　棺櫝也。从木，彗聲。〔祥歲切〕

【注釋】

粗陋的小棺材。從彗聲，聲兼義，《詩經》：「彗彼小星，三五在東。」

段注：「櫝，匱也。棺之小者，故謂之棺櫝。《急就篇》：棺、槨、槥，櫝。櫝即槥也。」

椁 𣚼 guǒ（槨）　　葬有木郭也。从木，享聲。〔古博切〕

【注釋】

內棺謂之棺，外棺謂之椁。或作槨。從郭之字、之音多有包裹義，如果（果肉包著果核）、裹（包、纏）、郭（外城）等。

段注：「木郭者，以木為之，周於棺，如城之有郭也。《檀弓》曰：殷人棺槨。

注：槨，大也，以木為之，言郭大於棺也。」

楬 𣚾 jié　　楬桀也。从木，曷聲。《春秋傳》曰：楬而書之。〔其謁切〕

【注釋】

高舉曰揭，如「揭竿而起」，同源詞也。本義是用作標記的小木樁。又音 qià，即「敔」也，如「椌楬」，楬用來止樂。見前「椌」字注。

梟 𦅫 xiāo　　不孝鳥也。日至，捕梟磔之。从鳥頭在木上。〔古堯切〕

【注釋】

貓頭鷹也，相傳梟鳥食母，破鏡獸食父。古代刑罰，把頭割下來懸掛在木上，謂之「梟首」或「梟示」。豪傑之人也叫梟，如「梟雄」。山頂謂之梟，仍是首義。

棐 𣚞 fěi　　輔也。从木，非聲。〔敷尾切〕

【注釋】

今《詩經》「君子所依，小人所腓」之本字也。腓者，庇蔭也，助也。《說文》：「腓，脛腨也。」本義是腿肚子，非本字明矣。《爾雅》：「弼、棐、輔、比，俌也。」從非之字多有輔助義，如騑（旁馬）、勸（助也）。

文四百二十一　重三十九

梔 𣠗 zhī　　木，實可染。从木，卮聲。〔章移切〕

【注釋】

見「桅」字注。

榭 𣜗 xiè　　臺有屋也。从木，射聲。〔詞夜切〕

【注釋】

臺上建的小亭子，只有柱，無牆，常「臺榭」連言。榭多為歌舞遊樂所用，故有「舞榭歌臺」，常建在水邊，《天龍八部》阿朱的住處叫「聽香水榭」。

古代的講武堂謂之榭，榭從射，有軍事建築意義。《左傳》：「三郤將謀於榭。」又指收藏器物的房子，《漢書》：「榭者，所以藏樂器。」亭在上古只指旅宿的亭和觀察

瞭望用的亭，園亭義是後起。有頂無牆的孤立建築謂之亭。

榭是靠水建造的亭形建築，比亭體勢大。臺是土壇子。樓是重屋，上下可住人。閣是架空的樓，叫「複屋」，不能住人，不同於一般的樓，今有「空中樓閣」，見「梦」字注。軒是高而敞的建築，體量不大，歸有光有《項脊軒志》。

槊 𣚦 shuò　　矛也。从木，朔聲。〔所角切〕

【注釋】

槊即長矛。馬槊是重型的騎兵武器，是槊的主要形態，東漢服虔《通俗文》：「矛長丈八謂之槊。」馬槊即馬上所用的矛。其他槊，還有步槊和雜槊等分類，基本上槊即是指馬槊。

馬槊分槊鋒與槊杆兩部分，槊鋒刃長達 50～60CM，遠遠長於普通的槍、矛類武器。馬槊是為了適應漢末以來越來越強大的重裝騎兵、披甲戰馬，馬槊鋒具有明顯的破甲棱。

成語有「橫槊賦詩」，雜劇有《尉遲恭三奪槊》《單鞭奪槊》，隋唐英雄單雄信的兵器為金釘棗陽槊，《三國志》中關羽、呂布的兵器也是馬槊，《三國演義》中演變為青龍偃月刀、方天畫戟。

椸 𣝕 yí　　衣架也。从木，施聲。〔以支切〕

【注釋】

衣架也，可以施衣，故稱。

榻 𣚤 tà　　床也。从木，𣶒聲。〔土盍切〕

【注釋】

本義是臥榻，今有「下榻」。几案亦謂之榻，如「合塌對飲」。

櫍 𣚪 zhì　　柎也。从木，質聲。〔之日切〕

【注釋】

鐘鼓架子的足，亦泛指器物的足。又指木砧板，古代一種刑具，把犯人的頭放在上面砍掉，後作「鑕」。鍘刀的座亦謂之鑕。「斧鑕」謂斬人的刑具。

櫂 櫂 zhào（棹）　　所以進船也。从木，翟聲。或从卓。《史記》通用濯。〔直教切〕

【注釋】

本義是船槳，代指船，又指划船。榜亦有此三義，同步引申也。

橰 橰 gāo　　桔橰，汲水器也。从木，皋聲。〔古牢切〕

【注釋】

亦作「桔皋」，俗稱「弔杆」「稱杆」，井上汲水的工具。在井旁架上設一槓杆，一端繫汲器，一端懸綁石塊等重物。

樁 樁 zhuāng（桩）　　橛杙也。从木，舂聲。〔啄江切〕

【注釋】

今簡化字作桩，另造之俗字。

櫻 櫻 yīng　　果也。从木，嬰聲。〔烏莖切〕

【注釋】

今日本漢字作桜，乃草書楷化俗字。

棟 棟 sè　　梴也。从木，策省聲。〔所厄切〕

文十二　新附

東部

東 東 dōng（东）　　動也。从木，官溥說，从日在木中。凡東之屬皆从東。〔得紅切〕

【注釋】

簡化字作东，草書楷化字形。甲骨文作𢍰，像囊橐之形。小篆理據重構，從木從日。

東，動也，聲訓也。東方甲乙木，對應春天，萬物萌動，故稱。請人吃飯，出錢者叫「東道」，也簡稱「東」，今有「作東」。主人謂之東，今有「房東」「東家」。

古代客人走西階，主人走東階。堂上會客，主人坐東席，客人坐西席，故謂之「西賓」。古代家庭教師謂之「西席」或「西賓」，《紅樓夢》:「託內兄如海薦西賓。」

棘 𣚲 cáo　　二東。曹从此。闕。

文二

林部

林 𣔙 lín　　平土有叢木曰林。从二木。凡林之屬皆从林。〔力尋切〕

【注釋】

平土者，平地也。本義是樹林，引申出眾多義，《爾雅》:「林，君也。」君通「群」，眾多也，今有「林林總總」。

段注:「竹木生平地曰林，《小雅》:依彼平林。傳曰:平林，林木之在平地者也。野外謂之林，引申之義也。《釋詁》、毛傳皆曰:林，君也。假借之義也。」

霖 𣛢 wú（無）　　豐也。从林；爽，或說規模字，从大、卌，數之積也。林者，木之多也。卌與庶同意。《商書》曰:庶草繁無。〔徐鍇曰:或說大、卌為規模之模，諸部無者，不審信也。〕〔文甫切〕

【注釋】

霖乃隸定字形，隸變作無。《說文·亡部》錄「有無」之無字，與此隸變字形同。此乃蕪之初文，草木繁盛貌，借作有無字，故加艸別其一義。

甲骨文作 𣚭、𣛎，像有所執而舞蹈之形，乃舞之本字，至金文才借為有無之無。

鬱 𣟒 yù（郁）　　木叢生者。从林，鬱省聲。〔迂弗切〕

【注釋】

古鬱、郁為二字，郁為地名，鬱為「鬱鬱蔥蔥」字。簡化漢字歸併為一。

本義是草木茂盛，今有「鬱鬱蔥蔥」。有濃義，今有「香氣濃鬱」。有憂愁義，今有「鬱悶」「鬱鬱寡歡」。有集結義，今有「鬱積」，「鬱陶」謂憂思集結貌。

楚 𣟏 chǔ　　叢木，一名荊也。从林，疋聲。〔創舉切〕

【注釋】

本義是荊棘。秦始皇父名子楚，故避諱稱楚國為荊國。打人的荊條也叫楚，引申為打人，「楚掠」謂拷打也。又有痛苦義，今有「痛楚」。「楚楚」者，茂盛貌，《詩經》：「楚楚者茨。」鮮明、華美貌，今有「楚楚動人」「衣冠楚楚」。

段注：「一名當作一曰，許書之一曰，有謂別一義者，有謂別一名者。上文叢木泛詞，則一曰為別一義矣。《艸部》荊下曰：楚木也。此云荊也，是則異名同實。楚國或呼楚，或呼荊，或累呼荊楚。」

梣 梣 chēn　　木枝條梣儷貌。从林，今聲。〔丑林切〕

【注釋】

梣儷，亦作「梣麗」「梣離」，繁盛披覆貌，引申為華麗貌。段注：「《人部》儷下云：梣儷也。梣儷者，枝條茂密之兒。」

楙 楙 mào　　木盛也。从林，矛聲。〔莫候切〕

【注釋】

本義是樹木茂盛。懋字從此聲。懋，大也，聲兼義。楙、茂，同源詞也。

段注：「此與《艸部》茂音義皆同，分艸、木耳。《釋木》：楙，木瓜。則專為一物之名。」

麓 麓 lù　　守山林吏也。从林，鹿聲。一曰：林屬於山為麓。《春秋傳》曰：沙麓崩。〔盧谷切〕 麓 古文从录。

【注釋】

沈濤《說文古本考》：「今本義倒置，以林屬山為正解，守山林吏為一解，麓本林屬山之名，因掌管山林之吏即名麓。」

竹木生平地曰林，山足曰麓，因之山腳之下謂之麓。古代主管山林苑囿的官吏亦謂之麓，《國語·晉語》：「主將適螻而麓不聞。」

棼 棼 fén　　複屋棟也。从林，分聲。〔符分切〕

【注釋】

本義是閣樓的棟，複屋者如閣也，閣不可居，重屋如樓可居。因此閣樓亦謂之

棥，《廣雅》：「棥，閣也。」古有複屋、重屋之別，見前「榭」「樓」字注。「棥櫓」者，樓櫓也，古時軍中用以瞭望敵軍的無蓋高臺。今常用義為紊亂，此乃「紛」之通假字，如「治絲益棥」。

段注：「按《左傳》：治絲而棥之。假借為紛亂字。」

森 𣛩 sēn　　木多貌。从林，从木。讀若曾參之參。〔所今切〕

【注釋】

引申為繁密、眾多，如「森羅萬象」，謂紛然羅列的各種事物。林、森皆有多義，同步引申也。

文九 重一

梵 𣛷 fàn　　出自西域釋書，未詳意義。〔扶泛切〕

【注釋】

梵梵者，草木茂盛貌，清鈕樹玉《說文新附考》：「梵，即芃之俗體。」梵有安靜義，「梵心」謂清淨之心；「梵志」謂以清靜為志，唐代詩僧有王梵志；「梵門」謂清淨的法門。

文一 新附

才部

才 才 cái　　艸木之初也。从丨上貫一，將生枝葉。一，地也。凡才之屬皆从才。〔徐鍇曰：上一，初生歧枝也。下一，地也。〕〔昨哉切〕

【注釋】

本義是草木初生。卜辭、金文多以才為在。在，從土，才聲，故可通假。《爾雅》：「哉，始也。」亦假才也，草木之初，引申為開始。

段注：「引申為凡始之稱。《釋詁》曰：初、哉，始也。哉即才。故『哉生明』亦作『才生明』，凡才、材、財、裁、纔字以同音通用。」

文一

卷六下

叒部

叒 ruò　　日初出東方湯谷所登榑桑，叒木也。象形。凡叒之屬皆从叒。〔而灼切〕叒 籀文。

【注釋】

叒實乃「若」之初文。叒木今典籍常作若木，乃太陽所登之樹也。榑桑即叒木，見「榑」字注。

甲骨文、金文作 、 ，羅振玉《增訂殷虛書契考釋》：「卜辭若字象人舉首而跪足，乃象諾時異順之狀，古諾、若一字也，故若字訓順。叒為若之初文，象人席地而坐將髮理順形，金文或加口為若，為諾本字。」羅氏之言可謂探本之論。

段注：「按當云：叒木，榑桑也，日初出東方湯谷所登也。蓋若木即謂扶桑。扶若字，即榑叒字也。」

桑 sāng　　蠶所食葉木。从叒、木。〔息郎切〕

【注釋】

古代屋院旁多種桑樹、梓樹，故以「桑梓」代鄉里，見「梓」字注。

文二 重一

之部

之 ≝ zhī 　　出也。象艸過屮，枝莖益大，有所之。一者，地也。凡之之屬皆从之。〔止而切〕

【注釋】

《爾雅》：「之，往也。」此其本義也。胡適亦名胡適之，適、之皆往也。作指示代詞，這也，《逍遙遊》：「之二蟲又何知？」《詩經》：「之子于歸，百兩御之。」

段注：「引申之義為往，《釋詁》曰『之，往』是也。按之有訓為此者，如之人也，之德也，之條條，之刀刀。《周南》曰：之子，嫁子也。此等之字皆訓為是。」

㞷 ≝ huáng 　　艸木妄生也。从之在土上。讀若皇。〔徐鍇曰：妄生謂非所宜生。《傳》曰：門上生莠。从之，在土上，土上益高，非所宜也。〕〔戶光切〕

【注釋】

妄者，亂也。妄言者，亂言也。㞷作偏旁隸變常作王、主，如往、枉、汪等。

段注：「㞷、妄疊韻，妄生猶怒生也。」據段注，則妄生謂旺盛地生長，與徐鍇異。

文二 重一

帀部

帀 帀 zā（匝）　　周也。从反之而帀也。凡帀之屬皆从帀。周盛說。〔子荅切〕

【注釋】

異體字作匝，今通行。段注：「《勹部》：匍，帀徧也。是為轉注。按古多假雜為帀，凡物順㞷往復則周徧矣。」

師 師 shī 　　二千五百人為師。从帀，从𠂤。𠂤，四帀，眾意也。〔疎夷切〕

𡠥 古文師。

【注釋】

师乃師之草書楷化字形。

本義是軍隊的編制單位，見下「伍」字注。孔廣居《說文疑疑》：「𠂤，俗堆字。堆則聚，聚則眾，散則寡，故有多義。眾必有長率之教之，則又為師長字。」

常用眾多義，《爾雅》：「師，眾也。」《詩經·小雅·節南山》：「不弔昊天，不宜空我師。」師，謂大眾也。古代師可專指樂官、樂師，如「師曠」，即名叫曠的樂師。古者平民無姓氏，職業加名即其稱呼也。

文二 重一

出部

出 屮 chū　　進也。象艸木益滋，上出達也。凡出之屬皆从出。〔尺律切〕

【注釋】

甲骨文作 屮，孫詒讓《名原》：「古出字取足形出入之義，不像草木上出之形。」段注：「本謂艸木，引申為凡生長之稱，又凡言外出為內入之反。」

出有生義，今有「出生」，「無所出」即無所生也。超過謂之出，今有「無出其右」。又遺棄謂之出，如「出妻屏子」。皆引申義也。

敖 敖 áo　　遊也。从出，从放。〔五牢切〕

【注釋】

此字《放部》重出。本義是遊玩，今遨遊之古字也，《詩經》：「以敖以遊。」

從敖之字多有高大義，《詩經》：「碩人敖敖。」敖敖謂身長貌也。遨（遨遊太空）、傲、嗷（大聲也）、獒（大狗也）、鼇（大龜也）、驁（大馬也）等。

賣 賣 mài（卖）　　出物貨也。从出，从買。〔莫邂切〕

【注釋】

卖乃賣之草書楷化字形。段注：「《周禮》多言賣儥，謂賣買也。《韻會》作買聲，則以形聲包會意也。」

糶 糶 tiào（粜）　　出穀也。从出，从䊮，䊮亦聲。〔他弔切〕

【注釋】

賣穀也。簡化作粜，戲劇有包拯《陳州糶米》。買穀謂糴，簡化作籴。段注：「出

穀之字从出糶，市穀之字从入糶。」

　　黜 𣢼 niè　　**槷黜**，不安也。从出，臬聲。《易》曰：槷黜。〔徐鍇曰：物不安則出，不在也。〕〔五結切〕

【注釋】

　　杌隉，動搖不安，形容危險。或作「兀臬」「兀𡾹」「阢隉」。

　　文五

𣎵部

　　𣎵 朮 pō　　艸木盛𣎵𣎵然。象形，八聲。凡𣎵之屬皆从𣎵。讀若輩。〔普活切〕

【注釋】

　　段注：「𣎵𣎵者，枝葉茂盛因風舒散之貌。《小雅》：萑葦淠淠。毛曰：淠淠，眾貌。淠淠者，𣎵𣎵之假借也。《小雅》：胡不旆旆。毛曰：旆旆，旒垂兒。旆旆者，亦𣎵𣎵之假借字。」

　　今沛、肺、柿，皆當從𣎵，今隸變皆作市。見「柿」字注。

　　𣟀 𣟀 wèi　　艸木𣟀𣟀之貌。从𣎵，𢌜聲。〔于貴切〕

【注釋】

　　𣟀𣟀字，草木茂盛貌。

　　索 𣓔 suǒ　　艸有莖葉，可作繩索。从𣎵、糸。杜林說：𣎵亦朱木字。〔蘇各切〕

【注釋】

　　本義是大繩索，繩是小繩子。求索本字當作𡩡，《說文》：「𡩡，入家搜也。」

　　索有盡、空義，今有「索然寡味」，古有「牝雞司晨，室家之索」。又有孤獨義，今有「離群索居」。「繩」有法義，今有「繩之以法」。「索」亦有法義，《左傳·定公四年》：「皆啟以商政，疆以周索。」杜預注：「索，法也。」同步引申也。

　　段注：「經史多假索為𡩡字，又《水部》曰：澌，水索也。索訓盡。」

孛 🔲 bèi 🔲也。从宋，人色也。从子。《論語》曰：色孛如也。〔蒲妹切〕

【注釋】

此「蓬勃」之本字也。《說文》：「勃，排也。」非本字明矣。

孛本義是草木茂盛貌，曹丕《柳賦》：「上扶疏而孛散兮，下交錯而龍鱗。」彗星亦謂之孛，取盛義，亮光一閃而過也。今有「彗孛流行」，乃不祥之兆。又有混亂不順義，後作「悖」。「孛沴」謂悖亂災變。「孛戾」謂狂悖乖張。

段注：「《春秋》：有星孛入於北斗。《穀梁》曰：孛之為言猶茀也，茀者多艸，凡物盛則易亂，故星孛為孛字引申之義。」

宋 🔲 zǐ 止也。从宋盛而一橫止之也。〔即里切〕

【注釋】

姊從宋聲。

南 🔲 nán 艸木至南方，有枝任也。从宋，羊聲。〔那含切〕 🔲 古文。

【注釋】

南之本義是樂器，《詩經·小雅·鼓鐘》：「以雅以南。」

甲骨文作🔲，郭沫若《甲骨文字研究》：「由字之象形而言，殆鐘鎛之類之樂器，鐘鎛皆南陳，古其字孳乳為東南之南。」段注：「按古南、男二字相假借。」

文六 重一

生部

生 🔲 shēng 進也。象艸木生出土上。凡生之屬皆从生。〔所庚切〕

【注釋】

《尚書》：「書用識哉，欲並生哉。」「欲並生哉」謂一起上進，用的正是本義。又本性謂之生，《荀子》：「君子生非異也，善駕於物也。」

丰 🔲 fēng 艸盛丰丰也。从生，上下達也。〔敷容切〕

【注釋】

甲骨文作 𡴌、𡴆，丰、封同字，象植樹於土堆形。丰與豐古二字也，一為草盛，一為食盛，實同源詞也。簡化漢字歸併為一。《詩經》：「子之丰兮，俟我乎巷兮。」丰，容貌美好貌。「丰」「豐」之別，見「豐」字注。

段注：「引申為凡豐盛之稱。《鄭風》：子之丰兮。毛曰：丰，豐滿也。鄭曰：面兒丰丰然豐滿。《方言》：好或謂之姘。姘即丰字也。」

產 𡴬 chǎn（产）　　生也。从生，彥省聲。〔所簡切〕

【注釋】

产乃省旁俗字。今河南方言「生孩子了」，說「產了」。產的本義即生，今有「產生」「生產」，同義連文。

隆 𡴫 lóng（隆）　　豐、大也。从生，降聲。〔徐鍇曰：生而不已，益高大也。〕〔力中切〕

【注釋】

一句數讀，豐也，大也。今隸變作隆。常用義是盛大，今有「隆重」。引申為程度深，今有「隆冬」「隆寒」。又有高義，今有「隆起」。

段注：「隆者，漢殤帝之名。不云上諱而直書其字者，《五經異義》云：漢幼小諸帝皆不廟祭而祭於陵，既不廟祭，似可不諱。」

甤 𡴕 ruí　　草木實甤甤也。从生，豨省聲。讀若綏。〔儒佳切〕

【注釋】

甤甤者，下垂貌。今「葳蕤」字從此。葳蕤，草木茂盛下垂貌。甤實蕤之初文也。

甡 𡴘 shēn　　眾生並立之貌。从二生。《詩》曰：甡甡其鹿。〔所臻切〕

【注釋】

今「莘莘學子」之本字，「莘莘」謂眾多貌。

段注：「毛傳曰：甡甡，眾多也。其字或作詵詵、駪駪、侁侁、莘莘，皆假借也。」

文六

乇部

乇 zhé　　艸葉也。从垂穗，上貫一，下有根。象形。凡乇之屬皆从乇。〔陟格切〕

【注釋】

今吒、託、宅從之。

文一

巫部

巫 chuí　　艸木華葉巫。象形。凡巫之屬皆从巫。〔是為切〕 古文。

【注釋】

此下垂之本字。《說文》：「垂，遠邊也。」乃邊陲之本字，自垂行而巫廢矣。

文一　重一

雩部

雩 huā　　艸木華也。从巫，于聲。凡雩之屬皆从雩。〔況于切〕 雩，或从艸，从夸。

【注釋】

今華之初文，本義為花朵。徐灝《說文解字注箋》：「雩、華亦一字，《說文》別之者，以所屬之字相從各異也。雩乃古象形文，上象蓓蕾，下象莖葉，小篆變為亏（于）。」

高鴻縉《中國字例》：「字原象形，甲文用為祭名，秦人或加艸以為義符，遂有華字。乃後華借為光華義，秦漢人乃另造荂，荂見《方言》。六朝人又另造花字。日久華字為借義所奪，荂字少用，花字行。」

段注：「此與下文蕐（華）音義皆同。蕐，榮也。《釋艸》曰：蕐，荂也。蕐、荂，榮也。今字花行而蕐廢矣。」

韡 wěi（韡）　　盛也。从雩，韋聲。《詩》曰：萼不韡韡。〔于鬼切〕

【注釋】

今作䕯。本義是茂盛貌。

文二 重一

華部

華 🌸 huā（华）　　榮也。从艸，从崟。凡華之屬皆从華。〔戶瓜切〕

【注釋】

今簡化字作华，乃另造之俗字。

華之本義為花朵，《詩經》常用華表花朵，如「桃之夭夭，灼灼其華」。榮者亦花也，今有「榮華富貴」。榮、華、秀、英皆謂花也，見前「英」字注。引申有光彩義，今有「光華」。引申出虛浮義，今有「浮華」。引申有時光、歲月義，今有「年華」「韶華」。又敬辭，如「華翰」「華誕」。

段注：「木謂之華，艸謂之榮，榮而實者謂之秀，榮而不實者謂之英，析言之也。又為光華、華夏字。此以會意包形聲也。俗作花，其字起於北朝。」

曄 🌸 yè（曄）　　艸木白華也。从華，从白。〔筠輒切〕

【注釋】

草木開白花的樣子。《白髮賦》：「一皜一曄，貴其素華。」古同「曄」，光華貌。《說文》無「曄」字。

文二

禾部

禾 🌾 jī　　木之曲頭，止不能上也。凡禾之屬皆从禾。〔古兮切〕

稽 🌾 zhǐ　　多小意而止也。从禾，从攴，只聲。一曰：木也。〔職雉切〕

枹 🌾 jǔ　　稽枹也。从禾，从又，句聲。又者，从丑省。一曰：木名。〔徐鍇曰：丑者，束縛也。稽枹，不伸之意。〕〔俱羽切〕

【注釋】

段注：「穦秖字，或作枳棋，或作枳枸，或作枳句，或作枝拘。宋玉《風賦》：枳句來巢，空穴來風。枳句、空穴皆連綿字，空穴即孔穴。『枳句來巢』，陸機《詩疏》作『句曲來巢』，謂樹枝屈曲之處鳥用為巢。」

文三

稽部

稽 _{（篆）} jī　　留止也。从禾，从尤，旨聲。凡稽之屬皆从稽。〔古兮切〕

【注釋】

本義是停留，「稽首」者，首至地且停留也，乃「九拜」之禮中最重者。常用義為考察，今有「無稽之談」。又有計較、爭辯義，今有「反唇相稽」。《漢書·賈誼傳》：「婦姑不相悅，則反唇而相稽。」

段注：「凡稽留則有審慎求詳之意，故為稽考。」

穤 _{（篆）} zhuó　　特止也。从稽省，卓聲。〔徐鍇曰：特止，卓立也。〕〔竹角切〕

甃 _{（篆）} gǎo　　甃秖而止也。从稽省，咎聲。讀若皓。賈侍中說：稽、穤、甃三字皆木名。〔古老切〕

文三

巢部

巢 _{（篆）} cháo　　鳥在木上曰巢，在穴曰窠。从木，象形。凡巢之屬皆从巢。〔鉏交切〕

【注釋】

段注：「《穴部》曰：穴中曰窠，樹上曰巢。巢之言高也，窠之言空也。在穴之鳥，如鴟鴞之屬。今江蘇語言通名禽獸所止曰窠。」

剿 _{（篆）} biǎn　　傾覆也。从寸，臼覆之。寸，人手也。从巢省。杜林說：以為貶損之貶。〔方斂切〕

【注釋】

此貶損之古文也。段注：「《上林賦》：適足以导君自損。晉灼曰：导，古貶字。」

文二

桼部

桼 𣏟 qī　　木汁，可以䰍物。象形，桼如水滴而下。凡桼之屬皆从桼。
〔親吉切〕

【注釋】

今油漆之本字及初文也。《說文》漆乃水名，非本字名矣。今漆行而桼廢。古之油漆乃由樹木天然生成，故曰木汁。

段注：「木汁名桼，因名其木曰桼，今字作漆而桼廢矣。漆，水名也，非木汁也。《詩》《書》『梓桼』『桼絲』皆作漆，俗以今字易之也。」

䰍 𩭾 xiū　　桼也。从桼，髟聲。〔許由切〕

【注釋】

刷漆也。段注：「韋昭曰：刷桼曰䰍。師古曰：以桼桼物謂之䰍，䰍或作髤。」

䰍 𣏾 pào　　桼垸已，復桼之。从桼，包聲。〔匹貌切〕

文三

束部

束 𣘗 shù　　縛也。从口、木。凡束之屬皆从束。〔書玉切〕

【注釋】

甲骨文作 𣘗、𣘗，象包袱之形。橐兩端紮口，囊一端紮口。李孝定《甲骨文字集釋》：「象囊橐括其兩端之形，引申凡束縛之語。」

今有「約束」，束縛也，又規定、規章也，如「堅明約束」。「束脩」謂十條捆在一起的乾肉，古時多作饋贈之物，後專指教師工資。《雜記》：「納幣一束，束五兩，兩五尋。」見「帛」字注。

柬 jiǎn　　分別簡之也。从束，从八。八，分別也。〔古限切〕

【注釋】

今揀之初文。柬的本義是挑選，「柬汰」，挑出剔去。「柬拔」，選拔也。揀今簡化作拣，草書楷化字形。柬今作為「請柬」字。

段注：「《釋詁》曰：流、差、柬，擇也。凡言簡練、簡擇、簡少者，皆借簡為柬也。」

棘 jiǎn　　小束也。从束，幵聲。讀若繭。〔古典切〕

剌 là　　戾也。从束，从刀。刀者，剌之也。〔徐鍇曰：剌，乖違也。束而乖違者，莫若刀也。〕〔盧達切〕

【注釋】

本義是違背，不順。今有「乖剌」。段注：「凡言乖剌、剌謬字如此。《諡法》：愎很遂過曰剌。」

文四

橐部

橐 gǔn　　橐也。从束，圂聲。凡橐之屬皆从橐。〔胡本切〕

橐 tuó　　囊也。从橐省，石聲。〔他各切〕

【注釋】

類似包袱，兩端紮口。又風箱謂之橐，因古代的風箱形似口袋也，如「爐橐」。駱駝又作「橐駝」。

段注：「《大雅》毛傳曰：小曰橐，大曰囊。高誘注《戰國策》曰：無底曰囊，有底曰橐。皆析言之也。囊者，言實其中如瓜瓤也。橐者，言虛其中以待如木樏也。」

囊 náng　　橐也。从橐省，襄省聲。〔奴當切〕

【注釋】

類似袋子，一端紮口。

囊 𦉶 gāo　　車上大橐。从橐省，咎聲。《詩》曰：載囊弓矢。〔古勞切〕

【注釋】

　　古代車上用來盛東西的大袋子，常收藏盔甲弓矢，也泛指袋子。引申為動詞，把弓箭裝起來。咎聲，聲兼義也，大鼓謂之鼛。

　　段注：「兵甲之衣曰囊，鍵囊言閉藏兵甲也。」

橐 𦉏 piáo　　囊張大貌。从橐省，匋省聲。〔符宵切〕

文五

囗部

囗 〇 wéi　　回也。象回帀之形。凡囗之屬皆从囗。〔羽非切〕

【注釋】

　　俗稱大口旁，象包圍之狀，實「圍」之初文也。段注：「回，轉也。按圍繞、周圍字當用此，圍行而囗廢矣。」

圜 𪚝 yuán　　天體也。从囗，睘聲。〔王權切〕

【注釋】

　　體，形也。天的形狀是圓形。讀 yuán 時，今作為圓的異體字。另有 huán，圍繞也。又代指天，屈原《天問》：「圜則九重，誰營度之。」

　　段注：「許書圓、圜、圓三字不同，今字多作方圓、方員、方圜，而圓字廢矣。依許則言天當作圜，言平圓當作圓，言渾圓當作圓。」

團 𪧶 tuán（团）　　圜也。从囗，專聲。〔度官切〕

【注釋】

　　团乃團之草書楷化字形。

　　團的本義是圓，今有「團圓」，「團扇」謂圓扇子。「團音」又稱圓音。「團魚」即甲魚，形圓也。引申為聚集義，今有「團聚」，同義連文也。又有猜測義，通「揣」，如「眼來眼去又無言，叫我怎生團」？

圜 🔲xuán　　規也。从囗，睘聲。〔似沿切〕

【注釋】

規，範也、模也。楥，鞋模子。桐亦模子，同源詞也。

囩 🔲yún　　回也。从囗，云聲。〔羽巾切〕

【注釋】

本義是迴旋。從云之字多有回轉義，見前「芸」字注。

圓 🔲yuán　　圜全也。从囗，員聲。讀若員。〔王問切〕

【注釋】

渾圓無缺。引申為完備、周全義，今有「圓滿」「自圓其說」「圓謊」。引申有婉轉義，白居易詩：「深圓似轉簧。」圓通圜，又指天，如「戴圓履方」。

回 🔲huí　　轉也。从囗，中象回轉形。〔戶恢切〕🔲古文。

【注釋】

本義是回轉。顏回，字子淵，水深則易迴旋。常用有姦邪義，如「奸回之人」。

段注：「淵，回水也，故顏回字子淵。《毛詩》傳曰：回，邪也。言回為𠆩之假借也。𠆩，衺也。」

圖 🔲tú（图）　　畫計難也。从囗，从啚。啚，難意也。〔徐鍇曰：規畫之也，故从囗。〕〔同都切〕

【注釋】

图乃圖之草書楷化字形，參「鄙」之草書。畫計難者，謀劃而苦於其難。圖之本義乃謀劃、反覆考慮，《爾雅》：「圖，謀也。」《韓非子》：「願陛下熟圖之。」

今有「圖謀」。圖有畫義，今有「圖畫」，同義連文，兼動詞、名詞二義。有法度義，《九章》：「前圖未改。」畫有圖畫義，有謀劃義，有法度、策略義，同步引申也。

楊樹達《積微居小學述林》：「依形求義，當訓地圖，从囗，象國邑。从啚者，啚為鄙之初字，物具國邑，又有邊鄙，非圖而何哉。」

段注:「謂先規畫其事之始終曲折，歷歷可見，出於萬全，而後行之也，故引申之義謂繪畫為圖。《聘禮》曰：君與卿圖事。《釋詁》曰：圖，謀也。《小雅》傳曰：慮、圖皆謀也。」

圍 𣁟 yì　　回行也。从囗，睪聲。《尚書》：「曰圍。」圍，升雲半有半無。讀若驛。〔羊益切〕

【注釋】

圍謂雲氣連接不斷。今有「絡繹不絕」，同源詞也。

國 國 guó（国）　　邦也。从囗，从或。〔古惑切〕

【注釋】

簡體字国，乃六朝新造俗字。國，甲骨文作 𠙴，金文作 𢧄。

高鴻縉《中國字例》：「國之初字，从囗，一象地區之通象，合之為有疆界之地區，故為象意而屬指事符，益之以戈聲，故為指事符加聲之形聲字。周時借為然或字，乃加囗作國，邦謂之國，封疆之域，古但以或字為之。」

國之本義是地區，《詩經》有十五國風，指十五個地區的民歌。又諸侯的封地為國，大夫的封地為家。又有都城義，《左傳》：「大都不過三國之一。」謂大夫封地的城牆不能超過諸侯國都城牆的三分之一。

陳毅詩：「此頭須向國門懸。」「國門」謂都城之門，化用伍子胥典故。伍子胥勸夫差滅越而不被採納，發誓要把自己的眼睛挖出來掛在吳國都城的城門上，要親眼看著吳國被越國滅亡。據說，伍子胥死後的頭顱被掛在城門上示眾，這座城門就被叫作胥門。今蘇州城仍有胥門遺跡，吾遊蘇州時曾親睹。

段注:「《邑部》曰：邦，國也。按邦、國互訓，渾言之也。《周禮》注曰：大曰邦，小曰國。邦之所居亦曰國（首都也），析言之也。古或、國同用，邦、封同用。」

壼 𡈁 kǔn　　宮中道。从囗，象宮垣、道上之形。《詩》曰：室家之壼。〔苦本切〕

【注釋】

古代宮中的道路，借指宮內。「壼政」謂宮內事務，或家政也。古又通「閫」，內室也，亦泛指婦女居住的內室。「壼閣」謂閨閣、閨房也；「壼闈」謂婦女所居的內室；

「壼則」謂婦女行為的準則。

　　困 🅀 qūn　　　廩之圓者。从禾在口中。圓謂之困，方謂之京。〔去倫切〕

【注釋】

　　圓形的倉庫。從困之字多有圓形義，菌者，蘑菇也，圓形。稛者，絭束也。

　　段注：「《廣雅》曰：京、庾、廩、庼，倉也。按《吳語》注：員曰困，方曰鹿。鹿即京也。庼者，鹿之俗。」

　　圈 🅀 juàn　　　養畜之閑也。从口，卷聲。〔渠篆切〕

【注釋】

　　閑，養牛馬圈也。

　　囿 🅀 yòu　　　苑有垣也。从口，有聲。一曰：禽獸曰囿。〔于救切〕🅀籒文囿。

【注釋】

　　甲骨文作🅀、🅀，象在劃定界限上種植草木。高鴻縉《中國字例》：「字原依四中或四木，畫其囿垣之形，故為畜禽獸有垣之囿。」本義是養禽獸的園子，如「鹿囿」。又泛指菜園、果園。引申出事物聚集處，如「囿藪」。又有動詞局限義，今有「囿於見聞」「囿於成見」。

　　段注：「高注《淮南》曰：有牆曰苑，無牆曰囿。與許互異，蓋有無互訛耳。囿，今之苑，按古今異名。許析言之，鄭渾言之也。引申之凡淵奧處曰囿。又引申之凡分別區域曰囿。」

　　園 🅀 yuán（园）　　　所以樹果也。从口，袁聲。〔羽元切〕

【注釋】

　　园乃後起俗字。帝王的墓地也叫園，今有「陵園」，同義連文也。

　　段注：「《鄭風》傳曰：園所以樹木也。按毛言木，許言果者，《毛詩》檀、穀、桃、棘，皆係諸園，木可以包果。」

　　圃 🅀 pǔ　　　種菜曰圃。从口，甫聲。〔博古切〕

【注釋】

菜園叫圃，果園叫園。今有菜圃、果園。種菜、種果的人謂之圃，孔子曰：「吾不如老圃。」孟浩然《過故人莊》：「開軒面場圃，把酒話桑麻。」段注：「種樹曰園，種菜曰圃。」

因 🄰 yīn　　就也。从囗、大。〔徐鍇曰：《左傳》曰：植有禮，因重固，能大者，眾圍就之。〕〔於真切〕

【注釋】

本義是草席子，今茵之初文也。後借為因依字，故加艸作茵。甲骨文作 🄰、🄰，象席子之形。今「綠草如茵」者，綠草如席子也。許書之訓，非本義，乃引申義。

席子是讓人依靠的，所以引申出憑藉、依靠義。虛詞有由於義；有由、從義，范縝《神滅論》：「如因榮木變為枯木。」有於是、就義。「由」亦有此三義，同步引申也。

図 🄰 nà　　下取物縮藏之。从囗，从又。讀若聶。〔女洽切〕

【注釋】

用夾具撈取河泥，吳語。

段注：「謂攝取也，今農人䎶泥，䎶即図之俗字。」縮，猶夾也。「縮版以載」，捆綁築牆夾板的繩子也叫縮，亦取夾取之義。

囹 🄰 líng　　獄也。从囗，令聲。〔郎丁切〕

【注釋】

段注：「囹，牢也。圄，止也，所以止出入。皆罪人所舍也。囹圄，何代之獄？焦氏答曰：《月令》，秦書，則秦獄名也。漢曰若盧，魏曰司空。」

圄 🄰 yǔ　　守之也。从囗，吾聲。〔魚舉切〕

【注釋】

本義是囚禁。《左傳‧僖公四年》：「圉伯嬴於轑陽而殺之。」

囚 🄰 qiú　　繫也。从人在囗中。〔似由切〕

【注釋】

本義是囚禁。繫，捆綁也。

固固gù　　四塞也。从囗，古聲。〔古慕切〕

【注釋】

四邊堵塞，故引申出頑固、守舊之稱，亦引申出牢固義。引申出堅持義，如「固諫」謂堅持進諫；引申出鄙陋義，今有「固陋」；又本來也，如「人固有一死」。「本」亦有此義。

段注：「按凡堅牢曰固，又事之已然者曰固，即故之假借字也。」

圍圍wéi　　守也。从囗，韋聲。〔羽非切〕

【注釋】

围為圍之草書楷化字形。圍兼二義，甲文、金文像人圍攻或圍守之形，見前「韋」字注。《公羊傳》：「圍不言戰。」謂守城也。

困困kùn　　故廬也。从木，在囗中。〔苦悶切〕困古文困。

【注釋】

本義是廢棄的房屋，此義古籍未見。引申有疲倦義，今有「困倦」「困乏」。

俞樾《兒笘錄》：「訓故廬，於古無徵。困者，梱之古文也，困既从木，梱又从木，經復無理，此蓋後出字，古只作困。从囗，象門四旁，上象楣，下象閫，左右為根，其中之木即為梱。梱，門橛也。」

圂圂hùn　　廁也。从囗，象豕在囗中也。會意。〔胡困切〕

【注釋】

古者廁所與豬圈為一處，故圂有豬圈、廁所二義。《玉篇》：「圂，豕所居也。」故人戚戚夫人被封為廁神。

楊樹達《積微居小學金石論叢·釋圂》：「按豕在囗中得為廁者，《晉語》云：小溲於豕牢而得文王。知古人豕牢本兼廁清之用，故韋昭云：豕牢，廁也。」

段注：「豕廁為圂，因謂豕犬為圂耳。引申之義人廁或曰圂，俗作溷；或曰清，俗作圊；或曰軒，皆見《釋名》。」

囮 囮 é　　譯也。从口、化。率鳥者繫生鳥以來之，名曰囮。讀若訛。〔五禾切〕䰷 囮，化或从繇。又音由。

【注釋】

譯者，引介也。率鳥者謂捕鳥者也，率之本義是捕鳥的長柄小網。用來誘捕同類鳥的鳥，稱「囮子」，故引申出媒介義。「囮場」謂舊時兼作妓院的賭館。又有訛詐義，「囮頭」謂進行訛詐的由頭。

余幼時捕鳥常用此法，縛一鳥置倒筐中，撒下稻穀，餘鳥見一同類食之，以為無虞，落則曳繩，則捕獲矣。魯迅《故鄉》中少年閏土捕鳥即用此法。

文二十六　重四

員部

員 員 yuán　　物數也。从貝，口聲。凡員之屬皆从員。〔徐鍇曰：古以貝為貨，故數之。〕〔王權切〕鼎 籀文从鼎。

【注釋】

员乃草書楷化字形。物數者，物的數量，數物以員也。

金文作鼎，與籀文合。古文字鼎、貝形近，故小篆訛从貝。林義光《文源》：「○者，鼎口，圓形，員是圓之本字。」高鴻縉《中國字例》：「方員之員又借為物數，名詞，於是後人又於員外加口為意符作圓，以還其原。」

本義是人數、名額，今有「人員」「吏員」。通「圓」，引申出周圍義，今有「幅員遼闊」。幅，寬度。員，周長也。又通「云」，作語氣詞，《詩經》：「聊樂我員。」或作動詞詞頭，《石鼓文》：「君子員獵員遊。」

段注：「本為物數，引申為人數，俗稱官員。《漢百官公卿表》曰：吏員，自佐史至丞相十二萬二百八十五人。數木曰枚、曰梃，數竹曰個，數絲曰紖、曰總，數物曰員。」

賱 賱 yún（紜）　　物數紛賱亂也。从員，云聲。讀若《春秋傳》曰：宋皇鄖。〔羽文切〕

【注釋】

今「紛紜」「芸芸眾生」之本字也，《說文》無紜字。

段注：「紜，今字作紜，紜行而紜廢矣。紛紜謂多，多則亂也。古假芸為紜，《老子》：夫物芸芸，各歸其根。」

文二　重一

貝部

貝 ⿱ bèi（贝）　　海介蟲也。居陸名猋，在水名蜬。象形。古者貨貝而寶龜，周而有泉，至秦廢貝行錢。凡貝之屬皆从貝。〔博蓋切〕

【注釋】

贝乃草書楷化字形。古者以貝為貨幣，謂之朋貝，先用天然的海朋貝，後不敷使用，又燒製陶朋貝。故跟錢有關者多從貝。「貨」「寶」「泉」皆貨幣義，銅錢鑄有「某某通寶」者，謂通行之貨幣也。

段注：「許謂周始有泉，而不廢貝也。秦始廢貝專用錢，變泉言錢者。周曰泉，秦曰錢，在周秦為古今字也。」

賏 ⿱ suǒ　　貝聲也。从小、貝。〔穌果切〕

【注釋】

今瑣碎之本字。從賏之字多有小義，見前「瑣」字注。

段注：「聚小貝則多聲，故其字从小、貝，引申為細碎之稱。今俗瑣屑字當作此，瑣行而賏廢矣。」

賄 ⿰ huì　　財也。从貝，有聲。〔呼罪切〕

【注釋】

本義是財物，非今之用錢財收買義。《詩經・氓》：「以爾車來，以我賄遷。」即用本義。引申出贈送財物義，《左傳》：「厚賄之。」後引申出賄賂義，由褒義變成了貶義。

今之賄賂義古作賕，《說文》：「賕，以財物枉法相謝也。」也作「貨」，《左傳》：「晉侯使醫衍酖衛侯，寧俞貨醫，使薄其酖，不死。」「貨醫」即用財物買通醫生，向醫生行賄。

段注：「《周禮》注曰：金玉曰貨，布帛曰賄，析言之也。許渾言之，貨賄皆釋曰財。」

財 肺 cái　　人所寶也。从貝，才聲。〔昨哉切〕

【注釋】

段注：「霝下云：小雨財落也。以為今之纔（才）字。」

貨 貨 huò　　財也。从貝，化聲。〔呼臥切〕

【注釋】

本義是財物。引申為貨幣，如「古者貨貝而寶龜」，《漢書》：「百姓潰亂，其貨不行。」今「貨幣」連文，貨即幣也。又有賣義，今有「學成文武藝，貨與帝王家」，「貨而不售」謂賣但沒有賣出去。貨古代有行賄義，如「貨賄」「行貨」，即行賄也。

段注：「貨者，化也。變化反易之物，故字从化。」

賏 賏 guì　　資也。从貝，為聲。或曰：此古貨字。讀若貴。〔詭偽切〕

資 資 zī　　貨也。从貝，次聲。〔即夷切〕

【注釋】

本義是貨物。引申出積累義，《廣雅》：「資，積也。」《國語》：「商賈冬則資皮，夏則資絺。」有憑藉義，《三國志》：「仲尼資大聖至材，懷帝王之器。」有幫助義，今有「資助」，《韓非子》：「資之以幣帛。」引申為資望，今有「論資排輩」。引申出資質義，今有「天資聰穎」。

段注：「貨者，化也。資者，積也。旱則資舟，水則資車，夏則資皮，冬則資絺綌，皆居積之謂。資者，人之所藉也。《周禮》注曰：資，取也。《老子》曰：善人，不善人之師。不善人，善人之資。」

購 購 wàn　　貨也。从貝，萬聲。〔無販切〕

賑 賑 zhèn　　富也。从貝，辰聲。〔之忍切〕

【注釋】

賑有富裕義，如「邑居殷賑」。使之富裕亦謂之賑，即救濟也，常寫作「振」。

段注：「《匡謬正俗》曰：『振給、振貸字皆作振。振，舉救也。俗作賑，非。』」

賢 xián　　多才也。从貝，臤聲。〔胡田切〕

【注釋】

贤乃草書楷化字形。

段注改為「多財也」，曰：「財各本作才，今正。賢本多財之稱，引申之凡多皆曰賢。人稱賢能，因習其引申之義而廢其本義矣。《小雅》：大夫不均，我從事獨賢。傳曰：賢，勞也。謂事多而勞也，故《孟子》說之曰：我獨賢勞。戴先生曰：『《投壺》：某賢於某若干純。賢，多也。』」

賢之常用義有好也、善也，《禮記》：「具二牲，獻其賢者於宗子。」賢者，謂好的。引申出勝於、超過，《戰國策》：「臣以為媼之愛燕后，賢於長安君。」又有勞苦義，《詩經》：「我從事獨賢。」

又作第二人稱的尊稱，猶君或公，亦徑作「你」用。蘇軾《李行中秀才醉眠亭》：「醉中對客眠何害，須信陶潛未若賢。」蘇軾《減字木蘭花·贈勝之》：「天然宅院，賽了千千並萬萬。說與賢知，表德元來是勝之。」

古代的車轂並非圓柱形，而是圓臺形，故一端大孔，叫賢；一端小孔，叫軹。《周禮·考工記·輪人》：「五分其轂之長，去一以為賢。」鄭司農曰：「賢，大穿也。」清戴震《釋車》：「大釭謂之賢。」

賁 bì　　飾也。从貝，卉聲。〔彼義切〕

【注釋】

本義即裝飾。今有「賁臨」，謂貴賓盛裝來臨也。又音 bēn，孟賁者，古之勇士也。今有「虎賁軍」，謂勇士也。

賀 hè　　以禮相奉慶也。从貝，加聲。〔胡個切〕

貢 gòng　　獻功也。从貝，工聲。〔古送切〕

【注釋】

本義是進貢，即進獻方物於帝王。《爾雅》：「功，事也。」

端木賜，字子貢。有貢獻則有賞賜，名字相反也。見前「贛」字注。貢一般指把東西獻給君主，獻指把東西恭敬地送人。科舉時代有「貢生」「貢士」，謂把人才獻給皇上。

贊 賛 zàn　　見也。从貝，从兟。〔臣鉉等曰：兟，音詵，進也。執贊而進，有司贊相之。〕〔則旰切〕

【注釋】

　　本義為進見，「贊謁」謂進見。贊有助義，今有「贊助」。有告義，《說文》：「祝，祭主贊詞者。」祝即今之司儀，贊，告也。《史記》有毛遂自薦，「毛遂自贊於平原君」，贊亦告也、進也。

賮 賮 jìn（賵）　　會禮也。从貝，妻聲。〔徐刃切〕

【注釋】

　　今常作賵字，簡化作赆，臨別時贈送給遠行人的路費禮物，如「賵禮」「賵儀」「賵行」等。進貢的財物亦謂之賵，如「納賵」，「賵貨」謂進貢的財物。「賵琛」謂進貢的財寶。

齎 齎 jī（賫）　　持遺也。从貝，齊聲。〔祖雞切〕

【注釋】

　　今常作賫，後起俗字也，簡化作赍。一句數讀，持也，遺也。故齎有二常用義：一、帶著，今有「齎志而沒」，「齎恨」猶懷恨也。二、贈送。

貸 貸 dài　　施也。从貝，代聲。〔他代切〕

【注釋】

　　本義是借出，借入也叫貸，施受同辭也。今有「貸款」，可以兩解。常用義有寬恕，今有「嚴懲不貸」；有推卸，今有「責無旁貸」。

貣 貣 tè　　从人求物也。从貝，弋聲。〔他得切〕

【注釋】

　　此借入義之「貸」之本字也。本義是向人乞求借物。又通「忒」，差錯也。

　　段注：「从人猶向人也，謂向人求物曰貣也。按代、弋同聲，古無去入之別。求人施人，古無貣貸之分。由貣字或作貸，因分其義，又分其聲。如求人曰乞，給人之求亦曰乞。今分去訖、去既二音。」

賂 [貝各] lù 　　遺也。从貝，各聲。〔臣鉉等曰：當从路省，乃得聲。〕〔洛故切〕

【注釋】

本義是贈送財物，非今之賄賂義，如「賂之甚厚」「貨賂甚厚」。亦泛指財物。引申賄賂義。賄亦有此三義，同步引申也。徐鉉「从路省」不可信。

段注：「按以此遺彼曰賂，如道路之可往來也。貨賂皆謂物，其用之則有公私邪正之不同。」

賸 [貝朕] shèng（剩） 　　物相增加也。从貝，朕聲。一曰：送也，副也。〔以證切〕

【注釋】

今作剩，《說文》無剩字。本義是多出來。物多則有餘，故引申出剩餘義。古書多出來的文字叫衍，也叫剩。漏掉的叫脫，也叫奪。騰、滕、勝、賸等字均從朕聲。

「一曰：送也，副也」，《爾雅》：「媵，送也。」此字實乃媵之古字也，《說文》無媵字，媵字乃後起字，或從人作倰，更屬後起。

段注：「賸、增疊韻，以物相益曰賸，字之本義也。今義訓為贅疣，與古義小異，而實古義之引申也。改其字作剩而形異矣。《人部》曰：俜，送也。賸訓送，則與俜音義皆同。」

贈 [貝曾] zèng 　　玩好相送也。从貝，曾聲。〔昨鄧切〕

【注釋】

本義即贈送。段注：「今人以物贈人曰送，送亦古語也。」

貱 [貝皮] bì 　　迻予也。从貝，皮聲。〔彼義切〕

【注釋】

以物輾轉給人。「賠貱」，謂賠墊、賠補也。段注：「展轉寫之曰迻書，展轉予人曰迻予。」

贛 [贛] gòng 　　賜也。从貝，竷省聲。〔臣鉉等曰：竷非聲，未詳。〕〔古

送切〕 𧹈 籀文贛。

【注釋】

　　本義是賜予，《淮南子·精神》：「今贛人敖倉，予人河水，饑而餐之，渴而飲之。」今作為贛江字，音 gàn。

　　賚 賚 lài　　賜也。從貝，來聲。《周書》曰：賚爾秬鬯。〔洛帶切〕

【注釋】

　　常用義是賞賜。《爾雅》：「賚，賜也。」段注：「《小雅》毛傳云：賚，予也。《大雅》傳云：釐，賜也。釐者，賚之假借也。」

　　賞 賞 shǎng　　賜有功也。從貝，尚聲。〔書兩切〕

【注釋】

　　本義是賞賜，引申出尊重、崇尚義。《荀子》：「賞賢使能以次之。」段注：「賞之言尚也，尚其功也。」

　　賜 賜 cì　　予也。從貝，易聲。〔斯義切〕

【注釋】

　　本義是賞賜，常用義盡也，通「儩」，《西征賦》：「若循環之無賜。」

　　段注：「凡經傳云錫者，賜之假借也。《方言》曰：賜，盡也。此借賜為澌。澌，盡也。盡之字俗作儩。」

　　貤 貤 yí　　重次弟物也。從貝，也聲。〔以豉切〕

【注釋】

　　本義是重疊、重複。左思《魏都賦》：「兼重貤以貤繆。」

　　贏 贏 yíng　　有餘賈利也。從貝，贏聲。〔臣鉉等曰：當从贏省，乃得聲。〕〔以成切〕

【注釋】

　　本義即做買賣獲利。引申為多餘義，今有「贏餘」。古代的贏沒有輸贏義，今之

贏古用勝字。常用義有背、擔也，今有「贏糧而影從」。又獲得、得到也，如「贏得生前身後名。」

段注：「俗語謂贏者輸之對。」

賴 賴 lài　　贏也。从貝，刺聲。〔洛帶切〕

【注釋】

本義是獲利。常用義是依靠，今有「百無聊賴」，聊賴者，依靠也。今有「無聊」者，聊，亦賴也，無聊亦無所依靠，心裏的無所依靠就是無聊。

「無賴」一詞古今義有別，古者游手好閑生活無依靠者之謂也，今者則流氓之謂也。近代漢語中「無賴」有可愛義，辛棄疾詞：「最喜小兒無賴。」唐徐凝《憶揚州》：「天下三分明月夜，二分無賴是揚州。」

段注：「許慎云：賴，利也。無利入於家也。或曰：江淮之間謂小兒多詐狡獪為亡賴。按今人云無賴者，謂其無衣食致然耳。」

負 負 fù　　恃也。从人守貝，有所恃也。一曰：受貸不償。〔房九切〕

【注釋】

本義是靠著、依仗。引申出遭受義，今有「負傷」。引申為具有，今有「久負盛名」。古負、擔、荷、任意義有別。負是背著；擔是挑著；荷是扛著，《詩經》：「彼候人兮，荷戈與祋。」任是抱著，屈原「任石而亡」。

段注：「凡以背任物曰負，因之凡背德忘恩曰負。」

貯 貯 zhù　　積也。从貝，宁聲。〔直呂切〕

【注釋】

貯今簡化作貯，甲文作 ，商承祚《殷墟文字類編》：「貯，甲文象內貝於宁中形，或貝在宁下，與許書貝在旁不同，宁、貯古為一字。」

宁音 zhù，古代門與蕭牆之間的地方謂之宁，非今之寧願字。段注：「此與宁音義皆同，今字專用貯矣。」

貳 貳 èr　　副益也。从貝，弍聲。弍，古文二。〔而至切〕

【注釋】

常用義有二：一是副手義，古有「建其貳，立其副」。引申為輔助義，如「丞之職在於貳令」，縣丞的職責在於輔佐縣令。二是背離義，今有「攜貳」，謂懷有二心也。「貳臣」者，任職於兩個朝代也。

「二」「貳」有別。「二」是一般的數目字，唐以前「貳」一般不用作數詞，而用作「二」的抽象意義，指重複、兩屬、不專一、不一樣等意義。

賓 𡧍 bīn（宾）　　所敬也。从貝，宁聲。〔必鄰切〕𡧍 古文。

【注釋】

古者賓客至，必有所贈，故從貝。常用有服從義，今有「四海賓服」。古代賓、客有別，賓是貴客，客可以指門客、食客，都可以泛指客人。

段注：「析言之則賓、客異義。又賓謂所敬之人，因之敬其人亦曰賓。又君為主，臣為賓，故《老子》曰：樸雖小，天下莫能臣也。侯王若能守之，萬物將自賓。」

賒 賖 shē　　貰買也。从貝，余聲。〔式車切〕

【注釋】

隸定作賒，俗作賖，簡化作賒。本義是賒欠。常用義是長、遠，《滕王閣序》：「北海雖賒，扶搖可接。」又有寬鬆義，如「徒使春帶賒」。「賒」為麻韻字，古讀shā，常用為句末語氣詞，用與「咝」同，《李商隱》：「昨日紫姑神去也，今朝青鳥使來賒。」

段注：「貰買者，在彼為貰，在我則為賒也。」

貰 貰 shì　　貸也。从貝，世聲。〔神夜切〕

【注釋】

貰、賒一聲之轉也。貰有相反二義，租借、賒欠謂之貰，出租、出賃亦謂之貰。貸亦有此相反二義。常用義有赦免、寬大也，如「貰罪」。賒有賒欠義，也有寬大義；貸有賒欠義，也有寬免義，同步引申也。

段注：「賒與貸有別。賒，貰也，若今人云賒是也。貸，借也，若今人云借是也。其事相類，故許渾言之曰貰、貸也。《高祖本紀》：常從武負王媼貰酒。韋昭曰：貰，賒也。按賒、貰皆紓緩之詞。」

贅 贅 zhuì　　以物質錢。从敖、貝。敖者，猶放。貝，當復取之也。〔之芮切〕

【注釋】

本義是抵押。今「入贅」者，猶以己抵押給別人。贅有多餘義，今有「贅餘」。瘊子亦名贅，多餘物也。

段注：「若今人之抵押也。餘剩之稱，皆綴字之假借。」

質 質 zhì（质）　　以物相贅。从貝，从斦。闕。〔之日切〕

【注釋】

今簡化字作质，草書楷化俗字。本義是抵押，今「人質」用其本義。

質義項甚多，問也，今有「質問」；靶心也，古有「質的張而弓矢至焉」；判定也，《爾雅》：「質，成也。」成即定也。典籍常做鷙，《尚書》：「陰鷙下民。」本字當作質。

質，定也。「質明」猶平明，平亦定也。《爾雅》：「平，成也。」猶言天大亮了，白天定下來了。古代合同叫「質」或「劑」，亦取其平、定義。有質地、底子義，《捕蛇者說》：「永州之野產異蛇，黑質而白章。」

段注：「質、贅雙聲，以物相贅，如《春秋》『交質子』是也。引申其義為樸也、地也，如『有質有文』。」

貿 貿 mào　　易財也。从貝，夘聲。〔莫候切〕

【注釋】

本義是交換財物，泛指交換，《小爾雅》：「貿，易也。」今有「貿易」。易有改變義，貿也有，如「千古不貿」。易有輕義，貿也有，如「貿然參加」「貿貿然而來」，皆輕率貌。同步引申也。

贖 贖 shú　　貿也。从貝，賣聲。〔殊六切〕

【注釋】

赎乃草書楷化字形。

費 費 fèi　　散財用也。从貝，弗聲。〔房未切〕

【注釋】

散去錢財，即耗費、花費也。

責 𧵽 zé　　　求也。从貝，朿聲。〔側革切〕

【注釋】

　　本義是要求、求取。今有「求全責備」保留本義。責備者，求全也。引申為索取，《左傳》：「宋多責賂於鄭。」引申為詢問，今有「責問」，同義連文也。舊時為懲罰而打謂之責，如「鞭責」「杖責」。

　　段注：「引申為誅責、責任。《周禮・小宰》：聽稱責以傅別。稱責，即今之舉債。古無債字，俗作債，則聲形皆異矣。」

賈 𧶘 gǔ　　　賈市也。从貝，襾聲。一曰：坐買售也。〔公戶切〕

【注釋】

　　賈市，同義連文，做生意。段注：「賈市，賈乃複舉字之未刪者。」亦可。俗有「多財善賈，長袖善舞」。

　　引申為買義，引申為求取，「賈好」猶市好也，今言買好也。引申出招引、招惹，今有「賈禍之道」。又有賣義，今有「餘勇可賈」。市、沽、賈皆有此相反二義，正反同辭也。「一曰：坐買售也」，今有「行商坐賈」。見前「商」字注。

　　段注：「市，買賣所之也，因之凡買凡賣皆曰市。賈者，凡買賣之稱也。《酒誥》曰：遠服賈。漢石經《論語》曰：求善賈而賈諸。今《論語》作沽者，假借字也。引申之凡賣者之所得，買者之所出，皆曰賈，俗又別其字作價。別其音入禡韻，古無是也。」

賞 𧷍 shāng（商）　　　行賈也。从貝，商省聲。〔式陽切〕

【注釋】

　　此商人之本字也，商賈有別，囤積盈利為賈，沿街叫賣為商。見前「商」字注。

　　段注：「《白虎通》曰：『商賈何謂也？商之為言章也，章其遠近，度其有亡，通四方之物，故謂之商也。賈之為言固也，固其有用之物，以待民來，以求其利者也。』通物曰商，居賣曰賈。賞經傳皆作商，商行而賞廢矣。渾言之則賞、賈可互稱，析言之則行賈曰賞。行賈者，通四方之珍異以資之。」

販 fàn　　買賤賣貴者。从貝，反聲。〔方願切〕

買 mǎi（买）　　市也。从网、貝。《孟子》曰：登壟斷而网市利。〔莫蟹切〕

【注釋】

买乃草書楷化字形。段注：「市者，買物之所，因之買物亦言市。」

賤 jiàn　　賈少也。从貝，戔聲。〔才線切〕

【注釋】

從戔之字多有小義，價格小為賤，水小為淺，小碎骨頭謂之殘，小的貨幣單位曰錢。

賦 fù　　斂也。从貝，武聲。〔方遇切〕

【注釋】

賦有相反二義，給予曰賦，今有「賦予」。收斂亦曰賦，賦稅即收斂於民，《史記·平準書》：「量吏祿，度官用，以賦於民。」另有陳說也、陳述也，《論衡》：「賦姦偽之說。」漢大賦得名於其鋪陳辭藻。

段注：「斂之曰賦，班之亦曰賦，經傳中凡言以物班布與人曰賦。」

貪 tān　　欲物也。从貝，今聲。〔他含切〕

【注釋】

貪指貪財，婪指貪食，後無別。

貶 biǎn　　損也。从貝，从乏。〔方斂切〕

【注釋】

貶的本義是減少，貶低乃引申義。損的本義亦為減少，損失乃引申義。

貧 pín　　財分少也。从貝，从分，分亦聲。〔符巾切〕 古文从宀、分。

【注釋】

古之貧是沒錢，相當於今之窮，與之對應的是富。古之窮是仕途不順，與之對應者是達，達者，通也。古有「窮則獨善其身，達則兼濟天下」。

賃 𧷤 lìn　　庸也。从貝，任聲。〔尼禁切〕

【注釋】

本義是給人做雇工。《史記·欒布列傳》：「窮困，賃傭於齊，為酒人保。」「賃書」謂受雇為人抄寫也。被別人租叫賃，租別人亦謂之賃。租亦有相反二義，正反同辭也。

段注：「庸者今之傭字。《廣韻》曰：傭，餘封切。傭，賃也。凡雇傲皆曰庸、曰賃。」

賕 𧴪 qiú　　以財物枉法相謝也。从貝，求聲。一曰：戴質也。〔巨留切〕

【注釋】

今賄賂義古作賕，見前「賄」字注。

段注：「法當有罪，而以財求免，是曰賕。受之者亦曰賕。」

購 𧶗 gòu　　以財有所求也。从貝，冓聲。〔古候切〕

【注釋】

今簡體字作购，乃另造之俗字。購的本義是懸賞，非今之購買。購的對象不是商品，直到宋代，購字也只能表示重金收買，跟買仍有區別。「懸購」謂懸賞徵求；「購募」謂懸賞募求。

段注：「縣重價以求得其物也。《漢律》：能捕豺貙，購錢百。」

貹 𧵳 shǔ　　齎財卜問為貹。从貝，疋聲。讀若所。〔疏舉切〕

【注釋】

送財禮卜問。

貲 𧷇 zī　　小罰以財自贖也。从貝，此聲。《漢律》：民不繇，貲錢二十二。〔即夷切〕

【注釋】

罰錢謂之貲。常用義是估量，常用於否定，如「所費不貲」「不可貲計」。又通「資」，財也。從此之字多有小義，見前「些」「柴」等字注。段注：「貲字本義如是，引申為凡財貨之稱。」

賨 賨 cóng　　南蠻賦也。从貝，宗聲。〔徂紅切〕

【注釋】

秦漢時期四川、湖南等地少數民族所繳的一種賦稅，亦指這些少數民族。

賣 賣 yù　　炫也。从貝，𡭗聲。𡭗，古文睦。讀若育。〔余六切〕

【注釋】

今讀、瀆、犢等字右旁皆此字，隸變與賣同形。

貴 貴 guì　　物不賤也。从貝，臾聲。臾，古文蕢。〔居胃切〕

【注釋】

本義是物價貴。引申重視、崇尚義，今有「可貴」。《商君書》：「聖王不貴義而貴法。」重亦有此義，同步引申也。

甲骨文作𦥑、𦥑，像兩手舁土之形，正與蕢字義合，實乃蕢之初文也。蕢是用草編的筐子，一般用來盛土，《論語‧憲問》：「有荷蕢而過孔氏之門者。」

賏 賏 yīng　　頸飾也。从二貝。〔烏莖切〕

【注釋】

此「嬰纏」字之初文、本字也。頸飾即今之項鏈，纏繞在脖子上，故產生纏繞義。後借作嬰兒字，加女分其一義。《說文》：「嬰，頸飾也。」

段注改作「繞也」，繞乃頸飾之引申義，無煩改。段注：「凡言嬰兒，則嫛婗之轉語。」

文五十九　重三

貺 貺 kuàng　　賜也。从貝，兄聲。〔許訪切〕

【注釋】

　　《爾雅》:「貺,賜也。」常用義是賞賜,今有「貺愛良多」「厚貺」「嘉貺」「貺贈」。

　　賵 𧵍 fèng　　贈死者。从貝,从冒。冒者,衣衾覆冒之意。〔撫鳳切〕

【注釋】

　　送財物助人辦喪事,常「賵賻」連用,《公羊傳·隱公元年》:「車馬曰賵,貨財曰賻。」又泛指送。

　　賭 𧷎 dǔ　　博簺也。从貝,者聲。〔當古切〕

【注釋】

　　博簺,亦作「博塞」,即六博、格五等博戲。《莊子·駢拇》:「問穀奚事,則博塞以遊。」成玄英疏:「行五道而投瓊(即骰子)曰博,不投瓊曰塞。」

　　貼 𧴪 tiē　　以物為質也。从貝,占聲。〔他叶切〕

【注釋】

　　本義是抵押、典當。常用義為靠近、挨著,今有「貼切」,貼、切皆有挨近義,皆有合義,同步引申也。引申為順服義,今有「服服帖帖」,亦作貼。又引申為安定義,如「四海妥貼」,妥亦安也。

　　貽 𧵅 yí　　贈遺也。从貝,台聲。經典通用詒。〔與之切〕

【注釋】

　　一句數讀。贈也,遺也。故貽有二義:一、贈送;二、遺留。

　　賺 𧸌 zhuàn(赚)　　重買也,錯也。从貝,廉聲。〔佇陷切〕

【注釋】

　　簡化作赚。賺有出錯、耽誤義,王陽明《傳習錄》:「然已只在康莊大道中,決不賺入蹊曲徑矣。」《醒世恒言》:「向日我一時見不到,賺了你終身。」又有誆騙義,音zuǎn,「賺人」謂騙人,如「太宗皇帝真長策,賺得英雄盡白頭」。

賽 𧵅 sài　　報也。从貝，塞省聲。〔先代切〕

【注釋】

舊時祭祀酬報神恩的迷信活動，如「賽會」「賽社」等。「賽神」謂祭祀以報答神明。「賽願」謂祭神還願。

賻 𧶛 fù　　助也。从貝，專聲。〔符遇切〕

【注釋】

見上「賵」字注。

贍 𧷎 shàn　　給也。从貝，詹聲。〔時豔切〕

【注釋】

贍有二常用義：一是供養，今有「贍養」；二是富足，今有「豐贍」。「給」亦有此二義，同步引申也。

文九　新附

邑部

邑 𠑽 yì　　國也。从口，先王之制，尊卑有大小，从卪。凡邑之屬皆从邑。〔於汲切〕

【注釋】

甲文作 𠬝，朱芳圃《甲骨學文字編》：「从口象疆域，下象人跪形，乃人字變體，即指人民，有土有人，斯成一邑，許君从卪，未確。」

邑的本義是地區，國的本義也是地區，所以國邑通稱，稱人曰大國，自稱曰鄙邑。大夫的封地一般是邑，即一個城市，也叫采邑，今有「通都大邑」。後泛指縣，今有「縣邑」。

邑作偏旁今隸變作阝，俗稱右耳朵旁。邑是地區，所以從右耳朵旁之字多跟地區相關。左耳朵旁阝源自阜之隸變，阜本義是山陵，故從左耳朵旁之字多跟山有關。

古代稱諸侯國為邑，朱駿聲《通訓定聲》：「《書》：西邑夏、天邑商、大邑周，皆謂國。」又指國都、京城，《爾雅》：「邑外謂之郊。」郭璞注：「邑，國都也。」《詩經·殷武》：「商邑翼翼。」又舊時縣的別稱，唐柳宗元《封建論》：「秦有天下，

裂都會而為之郡邑。」「邑尉」謂縣尉;「邑宰」謂縣邑之長,即縣令;「邑人」,鄉
人也。

段注:「鄭莊公曰:吾先君新邑於此。《左傳》凡稱人曰大國,凡自稱曰敝邑。古
國、邑通稱。《白虎通》曰:夏曰夏邑,商曰商邑,周曰京師。」

邦 𤰈 bāng　　國也。从邑,丰聲。〔博江切〕𤰈 古文。

【注釋】

諸侯的封地謂之國,亦謂之邦。引申出分封義,封、邦古音同,邦即封,古無輕
唇音,輕唇歸重唇。《封建論》:「邦群后。」即分封諸侯。

劉邦原名劉季,後嫌其鄙俚而改。漢代典籍避諱邦字,改為國。相邦改為相國,
王國維《觀堂集林》:「考六國執政者,均稱相邦。秦有相邦呂不韋,魏有相邦建信
侯,史家作相國者,蓋避漢高祖諱改。」《老子》帛書甲本中稱「小邦寡民」,乙本
則作「小國寡民」。甲本早而乙本晚,乙本蓋文帝時書。

郡 𩁹 jùn　　周制:天子地方千里,分為百縣,縣有四郡,故《春秋傳》
曰:「上大夫受郡。」是也。至秦初置三十六郡,以監其縣。从邑,君聲。
〔渠運切〕

【注釋】

見「縣」字注。

段注:「《逸周書·作雒篇》曰:千里百縣,縣有四郡。高注《六月紀》云:『周
制,天子畿內方千里,分為百縣,縣有四郡,郡有監。故《春秋傳》曰:上大夫受縣,
下大夫受郡,周時縣大郡小,至秦始皇兼天下,初置三十六郡以監縣耳。』」

都 𩂦 dū　　有先君之舊宗廟曰都。从邑,者聲。《周禮》:距國五百里為
都。〔當孤切〕

【注釋】

周代的城,是三級城邑建設體制:第一級為王城,即奴隸制王朝的京城;第二級
為諸侯城,即諸侯封國的國城;第三級為都,即宗室和卿大夫的封邑。

大夫的封地一般是邑,在他們平時居住的邑建有宗廟,有宗廟的邑才叫都,都、
邑不是從大小來區別。孔子執政魯國時曾「墮三都」,即拆毀三桓私邑郈、費、郕

也。後來「都」為大城市，「邑」為一般城市了。

「都」引申為優美、漂亮義，《詩經》有《都人士》篇，今有「容貌都雅」。引申為大義，《張衡傳》造地動儀，「中有都柱」，謂大柱子也。「都」又有總義，「都為一集」謂總括也，「都太監」即總太監。

「京」的本義是大的土丘。在先秦，「京師」連用才指國都，「京」指國都是後來的事。「都」本指大城市，漢以後才指國都。

段注：「《左傳》曰：凡邑有宗廟先君之主曰都，無曰邑。大曰都，小曰邑。雖小而有宗廟先君之主曰都，尊其所居而大之也。」

鄰 ᙏ lín　　五家為鄰。从邑，粦聲。〔力珍切〕

【注釋】

今簡化字作邻，另造之俗字也。

古之行政區劃，在郡縣制之前是鄉遂制，也稱郊野制，或國野制。百里之內為郊，郊內行政區劃是鄉制。郊外為甸，甸的行政區劃是遂制。天子六鄉六遂。鄉是城市建制，包括五級，即比、閭、黨、州、鄉。遂是農村建制，也是五級，即鄰、里、酂、縣、遂。

《周禮·地官·遂人》：「五家為鄰，五鄰為里，四里為酂，五酂為鄙，五鄙為縣，五縣為遂，皆有地域，溝樹之，使各掌其政令刑禁。」

鄭玄注：「鄰、里、酂、縣、遂，猶郊內比、閭、黨、州、鄉也。」孫詒讓《正義》：「此六遂之地在甸，與郊內六鄉制同而名異。鄉自五家為比，積至五州為鄉，猶自鄰積而成遂也。」

酂 ᙏ zuǎn / zàn　　百家為酂。酂，聚也。从邑，贊聲。南陽有酂縣。〔作管切〕，又〔作旦切〕

【注釋】

見上「鄰」字注。

鄙 ᙏ bǐ　　五酂為鄙。从邑，啚聲。〔兵美切〕

【注釋】

見上「鄰」字注。五百家為鄙。商承祚《殷墟文字類編》：「啚即鄙的本字，邑者

乃後加。」行政區劃為鄙，邊地亦為鄙，故引申出狹小、低賤義，與「都」相對。後「鄙」引申出小、鄙陋義，「都」則引申出盛大義。

郊 𨛬 jiāo　　距國百里為郊。从邑，交聲。〔古肴切〕

【注釋】

國，都城也。見上「鄰」字注。邑外謂之郊，郊外謂之野，即甸也。野外謂之林，林外謂之冂。今有「郊甸」，謂郊外也。

邸 𨞕 dǐ　　屬國舍。从邑，氐聲。〔都禮切〕

【注釋】

屬國舍者，為天子所隸屬的諸侯國朝見而設的賓館，此本義也。泛指官員辦事或居住的處所，今有「官邸」「府邸」。又指旅舍、客店，如「客邸」。「邸閣」謂糧倉也。

段注：「邸，至也，言所歸至。按今俗謂旅舍為邸。」

郛 𨜴 fú　　郭也。从邑，孚聲。〔甫無切〕

【注釋】

古代指城外面圍著的大城，常「郛郭」連文。郛，恢廓也，城外大郭也。郭的別稱，用於漢以前。

揚雄《法言·問神》：「大哉，天地之為萬物郭，《五經》之為眾說郛。」「眾說郛」謂多種議論彙集之處，元陶宗儀輯有筆記叢書《說郛》即本此。「郛言」謂不切實際的大話。從孚之字多有外表義，如莩、稃等。

郵 𨝷 yóu（邮）　　境上行書舍。从邑、垂。垂，邊也。〔羽求切〕

【注釋】

傳遞文書的客舍，即驛站。送信的人叫「致書郵」。今簡化作邮。《說文》郵（地名）、郵二字古不混用，今歸併為一。郵與陲字頗易混，曩者余遊華山，見東峰石壁上赫然刻有「名震西郵」字樣，頗感惑然，細思之，實乃陲字之誤。

郵之常用義，有過錯義，有怨恨義，《爾雅》：「郵，過也。」實乃「尤」之通假，《詩經》：「不知其郵。」古有「督郵」一職，督郵者，督過也，猶今之紀委書記。《三國演義》有張飛鞭打督郵，陶淵明不為五斗米折腰掛印而去，亦因督郵苛責過

甚也。「尤」有過錯和怨恨義，故「郵」亦有此二義。

段注：「《孟子》：德之流行，速於置郵而傳命。《釋言》：郵，過也。按經過與過失，古不分平去，故經過曰郵，過失亦曰郵。為尤、訧之假借字。」

段注已經涉及到了同步引申現象。見「訧」字注。

郹 shào　　國甸，大夫稍稍所食邑。从邑，肖聲。《周禮》曰：任郹地，在天子三百里之內。〔所教切〕

【注釋】

古代大夫受封的土地，周代指離王城二百里以外三百里以內的地域。

鄯 shàn　　鄯善，西胡國也。从邑，从善，善亦聲。〔時戰切〕

【注釋】

段注：「許書三言西胡，皆謂西域也，言西胡以別於匈奴為北胡也。」

窮 qióng　　夏后時諸侯夷羿國也。从邑，窮省聲。〔渠弓切〕

郟 jì　　周封黃帝之後於郟也。从邑，契聲。讀若薊。上谷有郟縣。〔古詣切〕

【注釋】

今作薊字。讀若薊，破假借也。段注：「按郟、薊古今字也，薊行而郟廢矣。然則郟者，許所見古字也。薊者，漢時字也。」

邰 tái　　炎帝之後，姜姓所封，周棄外家國。从邑，台聲。右扶風斄縣是也。《詩》曰：有邰家室。〔土來切〕

【注釋】

邰是古國名，堯封稷於邰。「邰棄」即后稷也，周始祖。傳說有邰氏之女姜嫄見上帝足跡而履其大拇指，懷孕而生后稷。

郂 qí（岐）　　周文王所封，在右扶風美陽中水鄉。从邑，支聲。〔巨支切〕岐 郂，或从山，支聲，因岐山以名之也。 古文郂，从枝，从山。

【注釋】

今通行重文岐字。

岐山，因山有兩枝，故名。岐山在今陝西省岐山縣東北，上古稱「岐」。岐山是周朝的發源地，也叫西岐。周初立國於岐山，故西周也稱岐周。據傳，周朝將興盛前，岐山有鳳凰棲息鳴叫，人們認為鳳凰是由於文王的德政才來的，是周興盛的吉兆。今人名多取鳴岐者，本於此也。岐又作跂之異體字。

段注：「經典有岐無郂。師古曰：郂，古岐字。岐專行而郂廢矣。許所見𨙻岐作郂，猶所見薊作𨛊也。」

邠 bīn（豳） 周太王國，在右扶風美陽。从邑，分聲。〔補巾切〕豳 美陽亭，即豳也，民俗以夜市，有豳山。从山，从豩。闕。

【注釋】

今通行重文豳字，《詩經》有《豳風》。

段注：「蓋古地名作邠，山名作豳，而地名因於山名，同音通用，如郂、岐之比。是以《周禮·鑰師》經文作豳，注作邠，漢人於地名用邠不用豳。」

郿 méi 右扶風縣。从邑，眉聲。〔武悲切〕

郁 yù 右扶風郁夷也。从邑，有聲。〔於六切〕

【注釋】

本義是地名。見前「鬱」字注。

段注：「按古假借為彧字，如《論語》：郁郁乎文哉。彧，有文章也。其始借彧為彧，其後又借鬱為彧。」

鄠 hù 右扶風縣名。从邑，雩聲。〔胡古切〕

扈 hù 夏后同姓所封，戰於甘者。在鄠，有扈谷、甘亭。从邑，戶聲。〔胡古切〕𢼸 古文扈，从山、马。

【注釋】

本義是古國名。常用義止、制止也，《左傳》：「扈民無淫者也。」又披也，《離

騷》：「扈江離與辟芷兮。」「扈從」謂侍從也，又謂養馬的僕役。《公羊傳》：「廝役扈養死者數百人。」何休注：「養馬者曰扈，炊亨者曰養。」「桑扈」者，鳥也。「扈」通「雇」，《詩經》：「交交桑扈。」

段注：「按《左傳》：扈民無淫者也，同『屈蕩戶之』之戶，止也。又《離騷》：扈江離於辟芷。王云：楚人名被為扈。」

郥 ㄆㄟˊ péi　　右扶風鄠鄉。从邑，崩聲。沛城父有郥鄉。讀若陪。〔薄回切〕

䢷 ㄐㄩ jū　　右扶風鄠鄉。从邑，且聲。〔子余切〕

郝 ㄏㄠˇ hǎo　　右扶風鄠、盩厔鄉。从邑，赤聲。〔呼各切〕

酆 ㄈㄥ fēng　　周文王所都，在京兆杜陵西南。从邑，豐聲。〔敷戎切〕

【注釋】

本義是地名。「羅酆山」，道家謂山上有六天鬼神主斷人間的生死禍福，山在北方癸地，故稱「北羅酆」，簡稱「北酆」。「酆都」者，閻王爺的辦公地。

鄭 ㄓㄥˋ zhèng（郑）　　京兆縣，周厲王子友所封。从邑，奠聲。宗周之滅，鄭徙溱洧之上，今新鄭是也。〔直正切〕

【注釋】

郑乃草書楷化字形。「鄭重」今謂嚴肅認真，古義不同，古謂頻繁也，《漢書》：「然非皇天鄭重降符命之意。」又殷勤也，如「千里故人心鄭重」，今之嚴肅認真義由此引申。

郃 ㄏㄜˊ hé　　左馮翊合陽縣。从邑，合聲。《詩》曰：在郃之陽。〔候合切〕

【注釋】

三國時曹操有大將張郃。

叩 ㄎㄡˇ kǒu　　京兆藍田鄉。从邑，口聲。〔苦后切〕

【注釋】

段注：「今人叩擊字从卩，不當作吅。」

鄹 ⿰樊邑 fán　　京兆杜陵鄉。从邑，樊聲。〔附袁切〕

鄜 ⿰麃邑 fū（鄜）　　左馮翊縣。从邑，麃聲。〔甫無切〕

鄐 ⿰屠邑 tú　　左馮翊鄐陽亭。从邑，屠聲。〔同都切〕

邮 ⿰由阝 dí　　左馮翊高陵亭。从邑，由聲。〔徒歷切〕

【注釋】

本義是地名，今作郵之簡化字，見前「郵」字注。

郍 ⿰年阝 nián　　左馮翊谷口鄉。从邑，年聲。讀若寧。〔奴顛切〕

邽 ⿰圭阝 guī　　隴西上邽也。从邑，圭聲。〔古畦切〕

部 ⿰音邑 bù　　天水狄部。从邑，音聲。〔蒲口切〕

【注釋】

本義是地名。

常用義有統率、指揮也，如「部大軍十萬」，今有「部屬」「部領」「所部三十人」。引申出類別，如「分別部居」，今有「部類」。又指官署，如「工部」「刑部」，《孔雀東南飛》：「還部白府君。」部有此三義，屬亦有此三義，同步引申也。

郖 ⿰豆阝 dòu　　弘農縣庾地。从邑，豆聲。〔當侯切〕

鄏 ⿰辱邑 rǔ　　河南縣直城門官陌地也。从邑，辱聲。《春秋傳》曰：成王定鼎於郟鄏。〔而蜀切〕

鄻 ⿰輦邑 liǎn　　周邑也。从邑，輦聲。〔力展切〕

鄒 zhài　　周邑也。从邑，祭聲。〔側介切〕

【注釋】

《左傳・隱公元年》祭仲，當作鄒。

邙 máng　　河南洛陽北亡山上邑。从邑，亡聲。〔莫郎切〕

【注釋】

古代貴人冢多在北邙山。東漢及北魏的王侯公卿多葬於此，後常被用來泛指墓地。「北邙鄉女」代指女子的死亡。

郇 xún　　周邑也。从邑，尋聲。〔徐林切〕

郗 chī　　周邑也，在河內。从邑，希聲。〔丑脂切〕

鄆 yùn　　河內沁水鄉。从邑，軍聲。魯有鄆地。〔王問切〕

邶 bèi　　故商邑，自河內朝歌以北是也。从邑，北聲。〔補妹切〕

【注釋】

《詩經》有《邶風》。古國名，周武王封殷紂王之子武庚於此，約相當於今河南省淇縣以北，湯陰縣東南一帶地方。

段注：「商畿內之地也。邑，國也。《商頌》曰：商邑翼翼。朝歌，紂所都。《詩譜》曰：『邶、庸、衛者，商紂畿內方千里之地。武王伐紂，以其京師封紂子武庚為殷後，三分其地置三監，使管叔、蔡叔、霍叔尹而教之。自紂城而北謂之邶，南謂之庸，東謂之衛。』」

邘 yú　　周武王子所封，在河內野王是也。从邑，于聲。又讀若區。〔況于切〕

邌 lí　　殷諸侯國，在上黨東北。从邑，称聲。称，古文利。《商書》：西伯戡邌。〔郎奚切〕

【注釋】

段注：「今《商書·西伯戡黎》，今文《尚書》作耆，許所據古文《尚書》作𦱤，《戈部》作黎，蓋俗改也。」

邵 𨙹 shào　　晉邑也。从邑，召聲。〔寔照切〕

【注釋】

古地名，在山西省垣曲縣。

郌 𨞔 míng　　晉邑也。从邑，冥聲。《春秋傳》曰：伐郌三門。〔莫經切〕

鄐 𨜴 chù　　晉邢侯邑。从邑，畜聲。〔丑六切〕

鄇 𨜫 hóu　　晉之溫地。从邑，侯聲。《春秋傳》曰：爭鄇田。〔胡遘切〕

邲 𨟄 bì　　晉邑也。从邑，必聲。《春秋傳》曰：晉楚戰於邲。〔毗必切〕

【注釋】

《左傳》有「邲之戰」，春秋四大戰役之一。

郤 𨝀 xì　　晉大夫叔虎邑也。从邑，谷聲。〔綺戟切〕

【注釋】

常用義是空隙，通「隙」。又為「卻」之俗字。

段注：「叔虎之子曰郤芮，以邑為氏。」郄，郤之俗字。段注：「谷，其虐切，五部。卻、綌从谷聲。」

谷、谷形近。浴從谷聲。谷，余蜀切，三部。

䢣 𡩋 péi　　河東聞喜縣。从邑，非聲。〔薄回切〕

【注釋】

後作裴。

段注：「《廣韻》曰：䢣，鄉名，在聞喜，伯益之後封於䢣鄉，因以為氏。後徙封解邑，乃去邑从衣，按今字裴行而䢣廢矣。」

郔 𨟡 qián　　河東聞喜聚。从邑，虔聲。〔渠焉切〕

【注釋】

　　段注:「邑落曰聚。舜所居，一年成聚，二年成邑，三年成都。聚，小於邑也。」

邼 𨟍 kuāng　　河東聞喜鄉。从邑，匡聲。〔去王切〕

郋 𨠁 kuí　　河東臨汾地，即漢之所祭后土處。从邑，癸聲。〔揆唯切〕

邢 𨞀 xíng　　周公子所封，地近河內懷。从邑，幵聲。〔戶經切〕

鄔 𨟸 wū　　太原縣。从邑，烏聲。〔安古切〕

祁 𨞽 qí　　太原縣。从邑，示聲。〔巨支切〕

【注釋】

　　常用義是盛大，「祁寒」謂嚴寒，極冷也。《詩經》:「祁祁如雲。」盛大貌也。

　　段注:「毛傳於《吉日》云:祁，大也。於《采蘩》《大田》云:祁祁，舒遲也。祁祁，徐皃也。於《七月》云:祁祁，眾多也。皆與本義不相關。」

鄴 𨠝 yè　　魏郡縣。从邑，業聲。〔魚怯切〕

【注釋】

　　魏西門豹所治理之地。唐詩:「鄴侯家多書，插架三萬軸。」故用「鄴架」尊稱對方的藏書，如「鄴架之藏甚富」。

邢 𨞀 xíng　　鄭地邢亭。从邑，井聲。〔戶經切〕

【注釋】

　　許書解釋地名有「某某亭」者，亭非亭子也，乃秦漢時的基層行政單位，十里一亭，十亭為一鄉。

　　「鄉」字段注:「許書凡言郡、縣、鄉、亭皆漢制。《漢表》云:凡縣、道、國、邑，千五百八十七，鄉六千六百二十二，亭二萬九千六百三十五。許全書所舉某縣、

某鄉、某亭，皆在此都數之中。」

邯 hán　　趙邯鄲縣。从邑，甘聲。〔胡安切〕

鄲 dān　　邯鄲縣。从邑，單聲。〔都寒切〕

郇 xún　　周武王子所封國，在晉地。从邑，旬聲。讀若泓。〔相倫切〕

【注釋】

今姓氏荀當做郇字，如荀卿。

鄃 shū　　清河縣。从邑，俞聲。〔式朱切〕

鄗 hào　　常山縣，世祖所即位，今為高邑。从邑，高聲。〔呼各切〕

鄡 qiāo　　鉅鹿縣。从邑，梟聲。〔牽遙切〕

鄚 mào　　涿郡縣。从邑，莫聲。〔慕各切〕

郅 zhì　　北地郁郅縣。从邑，至聲。〔之日切〕

【注釋】

常用義是最也、極也、大也，通「至」，《史記》：「文王改制，爰周郅隆。」

鄋 sōu　　北方長狄國也，在夏為防風氏，在殷為汪茫氏。从邑，叟聲。《春秋傳》曰：鄋瞞侵齊。〔所鳩切〕

鄦 xǔ（許）　　炎帝太嶽之胤，甫侯所封，在潁川。从邑，無聲。讀若許。〔虛呂切〕

【注釋】

今姓氏許之本字也。故國在今河南許昌。讀若許，此以讀若破假借也。

段注：「炎帝神農氏之裔子為大嶽，大嶽封於呂，其裔子甫侯又封於鄦。鄦、

許古今字，漢字作許，周時字作鄦。《史記·鄭世家》：鄦公惡鄭於楚。蓋周字之存者。今《春秋》經、傳不作鄦者，或後人改之，或周時已假借，未可定也。今河南許州州東三十里有故許昌城。」

　邟 kàng　　潁川縣。从邑，亢聲。〔苦浪切〕

　郾 yǎn　　潁川縣。从邑，匽聲。〔於建切〕

　郟 jiá　　潁川縣。从邑，夾聲。〔工洽切〕

　郪 qī　　新郪，汝南縣。从邑，妻聲。〔七稽切〕

　郎 xī　　姬姓之國，在淮北。从邑，息聲。今汝南新郎。〔相即切〕

　郋 xí　　汝南邵陵里。从邑，自聲。讀若奚。〔胡雞切〕

　𨙻 páng　　汝南鮦陽亭。从邑，旁聲。〔步光切〕

　郹 jú　　蔡邑也。从邑，臭聲。《春秋傳》曰：郹陽封人之女奔之。〔古闃切〕

　鄧 dèng（邓）　　曼姓之國，今屬南陽。从邑，登聲。〔徒亙切〕

【注釋】

邓乃符號代替形成之俗字。

　鄾 yōu　　鄧國地也。从邑，憂聲。《春秋傳》曰：鄧南鄙，鄾人攻之。〔於求切〕

　鄂 háo　　南陽淯陽鄉。从邑，号聲。〔乎刀切〕

　鄛 cháo　　南陽棗陽鄉。从邑，巢聲。〔鋤交切〕

穰 ráng 　　今南陽穰縣是。从邑，襄聲。〔汝羊切〕

【注釋】

段注：「秦武王封魏冉於此為穰侯。䤛者古字，穰者漢字。如郪薊、郵許、郎息、邰犛之例。蓋許所見古籍作䤛，漢時縣名字从禾也。」

䢊 lòu 　　南陽穰鄉。从邑，婁聲。〔力朱切〕

郢 lǐ 　　南陽西鄂亭。从邑，里聲。〔良止切〕

䢵 yǔ 　　南陽舞陰亭。从邑，羽聲。〔王榘切〕

郢 yǐng 　　故楚都，在南郡江陵北十里。从邑，呈聲。〔以整切〕郢，或省。

【注釋】

成語有「郢書燕說」，謂曲解原意，穿鑿附會也。

鄢 yān 　　南郡縣，孝惠三年改名宜城。从邑，焉聲。〔於乾切〕

鄳 méng 　　江夏縣。从邑，䁈聲。〔莫杏切〕

鄍 gé 　　南陽陰鄉。从邑，葛聲。〔古達切〕

鄂 è 　　江夏縣。从邑，咢聲。〔五各切〕

【注釋】

江夏，湖北省武昌縣的舊名。

邔 qǐ 　　南陽縣。从邑，已聲。〔居擬切〕

邾 zhū 　　江夏縣。从邑，朱聲。〔陟輸切〕

鄖 yún　　漢南之國。从邑，員聲。漢中有鄖關。〔羽文切〕

【注釋】

或作䢵。

鄘 yōng　　南夷國。从邑，庸聲。〔余封切〕

【注釋】

常用古國名，《詩經》有鄘風。周武王滅商後，使其弟蔡叔居之，在今河南汲縣北。

郫 pí　　蜀縣也。从邑，卑聲。〔符支切〕

【注釋】

揚雄故鄉也，今盛產豆瓣醬。山東大學教授、語言學家殷孟倫先生亦四川郫縣人，著有《子雲鄉人類稿》（揚雄字子雲）。

酈 chóu　　蜀江原地。从邑，壽聲。〔市流切〕

䣩 jí　　蜀地也。从邑，耤聲。〔秦昔切〕

鄤 wàn　　蜀廣漢鄉也。从邑，蔓聲。讀若蔓。〔無販切〕

邡 fāng　　什邡，廣漢縣。从邑，方聲。〔府良切〕

䣢 mà　　存䣢，犍為縣。从邑，馬聲。〔莫駕切〕

䣯 bì　　牂柯縣。从邑，敝聲。讀若鷩雉之鷩。〔必袂切〕

䣛 bāo　　地名。从邑，包聲。〔布交切〕

那 nuó　　夷國。从邑，冄聲。安定有朝那縣。〔諾何切〕

【注釋】

　　本義是地名。邶是隸定字形，那是隸變字形。

　　常用義眾多，《爾雅》:「那，多也。」《詩經》:「猗與那與。」「這那」之「那」是唐代才產生的。又奈何也，「那」是「奈何」的合音，《左傳》:「牛則有皮，犀兕尚多，棄甲則那？」楊伯峻注:「那，奈何之合音也。」顧炎武《日知錄》:「直言之曰那，長言之曰奈何。」

　　又作句尾語氣詞，表反詰，此義後起，《後漢書》:「公是韓伯休那？乃不二價乎？」李賢注:「那，語餘聲也。」今典故有「韓康賣藥，言不二價」。又表示感歎，如「不孝那」，猶言不孝啊！

　　段注:「《小雅》《商頌》毛傳曰:那，多也。《釋詁》曰:那，於也。《左傳》:棄甲則那。杜云:那，猶何也。今人用那字皆為奈何之合聲。」

　　鄱 pó　　鄱陽，豫章縣。从邑，番聲。〔薄波切〕

　　酃 líng　　長沙縣。从邑，霝聲。〔郎丁切〕

　　郴 chēn　　桂陽縣。从邑，林聲。〔丑林切〕

【注釋】

　　「衡陽猶有雁傳書，郴陽和雁無」，和，連也，謂連大雁都沒有。衡陽有回雁峰，大雁至此不再南飛，郴陽在衡陽之南，故雁飛不至。段注:「今湖南直隸郴州即古郴縣，漢桂陽郡治也。」

　　耒阝 lèi　　今桂陽耒陽縣。从邑，耒聲。〔盧對切〕

　　鄮 mào　　會稽縣。从邑，貿聲。〔莫候切〕

　　鄞 yín　　會稽縣。从邑，堇聲。〔語斤切〕

　　邶 pèi　　沛郡。从邑，宋聲。〔博蓋切〕

　　邴 bǐng　　宋下邑。从邑，丙聲。〔兵永切〕

酇 𨜂 cuó　　沛國縣。从邑，盧聲。〔昨何切〕

邵 𨛕 shǎo　　地名。从邑，少聲。〔書沼切〕

邱 𨛥 chén　　地名。从邑，臣聲。〔植鄰切〕

鄽 𨟇 chán　　宋地也。从邑，毚聲。讀若讒。〔士咸切〕

鄑 𨞏 zī　　宋魯間地。从邑，晉聲。〔即移切〕

郜 𨞆 gào　　周文王子所封國。从邑，告聲。〔古到切〕

鄄 𨞜 juàn　　衛地，今濟陰鄄城。从邑，垔聲。〔吉掾切〕

邛 𨛑 qióng　　邛地，在濟陰縣。从邑，工聲。〔渠容切〕

鄶 𨟄 kuài　　祝融之後，妘姓所封，潧洧之間，鄭滅之。从邑，會聲。〔古外切〕

【注釋】

鄶是周代諸侯國名，在今河南省密縣東北。成語有「自鄶以下」。吳國公子季札在魯國看周代的樂舞，對於各諸侯國的樂曲都有評論，但從鄶國以下就沒發表意見。比喻從某某以下就不值得評論，亦省作「自鄶」，或作「自鄶無譏。」

邧 𨙖 yuán　　鄭邑也。从邑，元聲。〔虞遠切〕

郔 𨜈 yán　　鄭地。从邑，延聲。〔以然切〕

郠 𨝔 gěng　　琅邪莒邑。从邑，更聲。《春秋傳》曰：取郠。〔古杏切〕

鄅 𨞚 yǔ　　妘姓之國。从邑，禹聲。《春秋傳》曰：鄅人籍稻。讀若規榘之榘。〔王榘切〕

鄒 zōu　　魯縣，古邾國，帝顓頊之後所封。从邑，芻聲。〔側鳩切〕

郤 tú　　邾下邑地。从邑，余聲。魯東有郤城。讀若塗。〔同都切〕

郝 shī　　附庸國，在東平亢父郝亭。从邑，寺聲。《春秋傳》曰：取郝。〔書之切〕

【注釋】

亭乃秦漢基層行政單位，非亭子也。

郰 zōu　　魯下邑，孔子之鄉。从邑，取聲。〔側鳩切〕

【注釋】

段注：「《論語》孔注曰：郰，孔子父叔梁紇所治邑也。《左傳》杜注曰：紇，郰邑大夫仲尼父叔梁紇也。」

郕 chéng　　魯孟氏邑。从邑，成聲。〔氏征切〕

【注釋】

春秋時期孔子執政魯國期間，曾主張「墮三都」，即拆毀「三桓」私邑郈、費、郕。

郔 yǎn　　周公所誅郔國，在魯。从邑，奄聲。〔依檢切〕

酄 huān　　魯下邑。从邑，雚聲。《春秋傳》曰：齊人來歸酄。〔呼官切〕

【注釋】

段注：「按許引《左氏》則言《春秋傳》曰，引《公羊》則言《春秋公羊傳》曰，以別於《左氏》。」

郎 láng　　魯亭也。从邑，良聲。〔魯當切〕

【注釋】

本義是魯國的地名,《禮記》有「戰於郎」。亭乃秦漢時基層行政區劃,非亭子,凡許書「某某亭」者皆此義。

古代郎官多為侍從官,無正式編制,無常職。如羽林郎、期門郎、侍郎等。郎、卿都是官名,後來都作男子的美稱。見「良」字注。

段注:「以郎為男子之稱及官名者,皆良之假借字也。《哀十一年》:戰於郊。《檀弓》作戰於郎。鄭曰:郎,魯近邑也。杜云:郎,魯邑。高平方與縣東南有郁郎亭。」

邳　pī　　奚仲之後,湯左相仲虺所封國,在魯薛縣。从邑,丕聲。〔敷悲切〕

鄣　zhāng　　紀邑也。从邑,章聲。〔諸良切〕

邗　hán　　國也,今屬臨淮。从邑,干聲。一曰:邗本屬吳。〔胡安切〕

鄴　yí　　臨淮徐地。从邑,義聲。《春秋傳》曰:徐鄴楚。〔魚羈切〕

郈　hòu　　東平無鹽鄉。从邑,后聲。〔胡口切〕

【注釋】

魯國「三都」之一,見「郕」字注。

郯　tán　　東海縣,帝少昊之後所封。从邑,炎聲。〔徒甘切〕

【注釋】

又國名,郯國,今山東郯城,二十四孝有「郯子鹿乳」。郯子,春秋時期郯國國君。

郚　wú　　東海縣,故紀侯之邑也。从邑,吾聲。〔五乎切〕

酅　xī　　東海之邑。从邑,巂聲。〔戶圭切〕

鄫 zēng　　姒姓國，在東海。从邑，曾聲。〔疾陵切〕

邪 yé　　琅邪郡。从邑，牙聲。〔以遮切〕

【注釋】

本義是琅邪郡，字亦作瑘。

段注：「邪，古書用為衺正字，又用為辭助，如『乾坤，其《易》之門邪』『乾坤，其《易》之緼邪』是也。今人文字，邪為疑辭，也為決辭，古書則多不分別。如子張問：十世可知也。當作邪，是也。

又邪、也二字古多兩句並用者，如《龔遂傳》：今欲使臣勝之邪，將安之也。韓愈文：其真無馬邪，其真不知馬也。皆也與邪同。按漢碑琅邪字或加玉旁，俗字也。近人隸書從耳作耶，由牙、耳相似，臧三牙或作臧三耳。」

郱 fū　　琅邪縣，一名純德。从邑，夫聲。〔甫無切〕

郪 qī　　齊地也。从邑，桼聲。〔親吉切〕

郭 guō　　齊之郭氏虛。善善，不能進；惡惡，不能退，是以亡國也。从邑，章聲。〔古博切〕

【注釋】

在齊國境內，已經滅亡的郭國的丘墟。今城郭字本字當作「章」，見「章」字注。

段注：「謂此篆乃齊郭氏虛之字也。郭本國名，虛、墟古今字。郭國既亡謂之郭氏虛，如《左傳》言少昊之虛、昆吾之虛、大皥之虛、祝融之虛也。郭氏虛在齊境內。郭今以為城章字，又以為恢郭字。又《左傳》虢國字，《公羊》作郭。」

郳 ní　　齊地。从邑，兒聲。《春秋傳》曰：齊高厚定郳田。〔五雞切〕

郣 bó（渤）　　郣海地。从邑，孛聲。一曰：地之起者曰郣。〔臣鉉等曰：今俗作渤，非是。〕〔蒲沒切〕

【注釋】

今渤海之古字。

段注：「《周禮・草人》：勃壤用狐。鄭云：勃壤，粉解者。《廣雅》：垾，塵也。今俗謂粉之細者曰勃，皆即郣字。」

鄲 🦬 tán（譚）　　國也，齊桓公之所滅。从邑，覃聲。〔臣鉉等曰：今作譚，非是。《說文》注義有譚長，疑後人傳寫之誤。〕〔徒含切〕

【注釋】

今姓氏「譚」（如譚嗣同）之本字。譚者，談之異體字。段注：「鄲、譚古今字也。許書有譚長，不以古字廢今字也。」

邨 🦬 qú　　地名。从邑，句聲。〔其俱切〕

【注釋】

段注：「《左傳》注多不言名，如毛傳云：水也、山也、地也，皆是。許君亦不言名，如郭地也、邨地也，以及邑也、國也，皆是。凡言名者，後人所改。」

郂 🦬 gāi　　陳留鄉。从邑，亥聲。〔古哀切〕

戴 🦬 zài　　故國，在陳留。从邑，㦿聲。〔作代切〕

鄢 🦬 yān　　地名。从邑，燕聲。〔烏前切〕

【注釋】

段注：「齊有高鄢，即高偃，高傒之玄孫。《左傳》曰：「敬仲之曾孫者。」古人立文，後裔統云曾孫。」

邱 🦬 qiū　　地名。从邑，丘聲。〔去鳩切〕

【注釋】

孔子名丘，因避諱，清雍正三年上諭除四書五經外，凡遇「丘」字，並加「阝」旁為「邱」。「丘壟」亦作「邱壟」「邱隴」，墳墓也。段注：「今制，諱孔子名之字曰邱。」

娞 [字] rú　　地名。从邑，如聲。〔人諸切〕

邴 [字] niǔ　　地名。从邑，丑聲。〔女九切〕

邟 [字] jǐ　　地名。从邑，几聲。〔居履切〕

鄎 [字] xì　　地名。从邑，翕聲。〔希立切〕

郲 [字] qiú　　地名。从邑，求聲。〔巨鳩切〕

鄴 [字] yīng　　地名。从邑，嬰聲。〔於郢切〕

黨 [字] dǎng　　地名。从邑，尚聲。〔多朗切〕

【注釋】

今鄉黨之本字也。段注：「《廣韻》曰：『鄴，地名。《說文》作黨。』今俗以為鄉黨字。」

郱 [字] píng　　地名。从邑，并聲。〔薄經切〕

鄠 [字] hǔ　　地名。从邑，虍聲。〔呼古切〕

炎 [字] huǒ　　地名。从邑，火聲。〔呼果切〕

鄝 [字] liǎo　　地名。从邑，翏聲。〔盧鳥切〕

鄦 [字] wéi　　地名。从邑，為聲。〔居為切〕

邨 [字] cūn（村）　　地名。从邑，屯聲。〔臣鉉等曰：今俗作村，非是。〕〔此尊切〕

【注釋】

邨、村異體字。今仍有用邨者，如三家邨，鄧拓筆名馬南邨，酒店有翠亨邨。段

注：「按本音豚，屯聚之意也，俗讀此尊切，又變字為村。」

邞 shū 　　地名。从邑，舍聲。〔式車切〕

鄐 hé 　　地名。从邑，盍聲。〔胡臘切〕

䣂 gān 　　地名。从邑，乾聲。〔古寒切〕

䣜 lǐn 　　地名。从邑，㐭聲。讀若淫。〔力荏切〕

邖 shān 　　地名。从邑，山聲。〔所間切〕

鄌 táng 　　地名。从邑，臺聲。臺，古堂字。〔徒郎切〕

酆 féng 　　姬姓之國。从邑，馮聲。〔房成切〕

【注釋】

今馮姓之本字也，省作馮。《說文》：「馮，馬行疾也。」非本字明矣。

段注：「《廣韻》曰：『馮，姓也。畢公高之後，食采於馮城，因而命氏。』《左傳》云：畢者，文之昭。王肅注《尚書》云：畢毛，文王庶子。然則酆為姬姓國，其後以國氏，省作馮也。」

郐 kuài 　　汝南安陽鄉。从邑，蒯省聲。〔苦怪切〕

【注釋】

作姓氏同「蒯」。

鄜 fū 　　汝南上蔡亭。从邑，甫聲。〔方矩切〕

酈 lì 　　南陽縣。从邑，麗聲。〔郎擊切〕

【注釋】

今作姓氏字，有酈食其、酈道元。

鄬 ❲ qiān　　地名。从邑，雟聲。〔七然切〕

邑 ❲ yì　　从反邑。𨛜字从此。闕。

文一百八十四　重六

𨛜部

𨛜 ❲ xiàng　　鄰道也。从邑，从邑。凡𨛜之屬皆从𨛜。闕。〔胡絳切〕今隸變作郷。

【注釋】

鄰道，行政單位鄰中的道路。甲文作 ❲，象兩人相對之形。

𨟊 ❲ xiāng（鄉、乡）　　國離邑，民所封鄉也。嗇夫別治，封圻之內六鄉，六卿治之。从𨛜，皀聲。〔許良切〕

【注釋】

隸變作鄉，今簡省俗字作乡。「國離邑，民所封鄉」者，與國都相距稍遠的邑地，人民所歸向之地也。封，聚也。見前「鄰」字注。

甲文作 ❲，甲文中鄉、卿、饗一字。楊寬《古史新探》：「鄉和饗原本是一字，整個字像兩人對坐共食一簋，其本義應為鄉人共食，鄉邑的鄉實取義於共食，是用來指自己那些共同飲食的氏族群落的。卿原是共同飲食的氏族群落中鄉老的稱謂，因代表一鄉而得名。進入階級社會後，卿便成為鄉的長官的名稱。」

我國郡縣制之前是國野制，見於《周禮·地官·司徒》，王都地區包括國都都城與周圍百里之內的郊地，統稱為國，國人居住地分為六鄉；六鄉以外的田野稱為遂，遂及以外是卿大夫的采邑區，稱作都鄙（中心據點為都，都外田土為鄙），遂與都鄙合稱為野。國中六鄉的居民多為貴族階層，負擔兵役、力役；遂中的居民大體為平民階層，負擔農業勞役和其他徭役。

《國語·齊語》：「昔者，聖王之治天下也，三其國而伍其鄙。」春秋時期齊國施行了一種與國野制相類似的「三其國而伍其鄙」制度：將國君直轄的地區分為國、鄙兩部分。國指國都與其近郊之地，分為二十一鄉，「工商之鄉六，士鄉十五」。十五個士鄉都集中分布於國都都城之內，由公、國子、高子各統帥五鄉。士的主要職責是服

兵役，其中多數人平時務農、戰時為兵。鄙指近郊周圍田野之地，分為五部分，鄙中居民為農民，納田稅而不服役。

𨛁 𨙛 xiàng（巷）　　里中道。从𨛁，从共。皆在邑中所共也。〔胡絳切〕
𨙯 篆文从𨛁省。

【注釋】

從共，共亦聲。今通行篆文，即今之巷字也。本義是里中的道路。巷即胡同之合聲，聲轉為巷，音變為弄。古者二十五家為里，相當於一個街區，英語的 block，里四周有圍牆，四面各有門，早開晚閉。里中有兩條呈十字交叉的道路，即巷。

巷的兩旁為住宅區，故引申為住宅區之義。王引之《經義述聞》：「古謂里中道為巷，亦謂所居之宅為巷。《論語・雍也》篇『在陋巷』，陋巷為狹隘居。今說《論語》指以陋巷為街巷之巷，非也。」成語「萬人空巷」之「空巷」是說家中無人，而非街道上無人。恰恰相反，該成語形容街道上人之多。

段注：「里中之道曰巷，古文作𨛁，《爾雅》作衖，引申之凡夾而長者皆曰巷，宮中衖謂之壼，是也。十七史言弄者，皆即巷字，語言之異也，今江蘇俗尚云弄。」

文三　重一